不動産投資［絶体絶命］46のリスト

実事例で学ぶ失敗・教訓・回避策

Real estate investment

これは危うい

不動産投資の会 プレイヤーズ

ぱる出版

はじめに ──実事例で学ぶ失敗・教訓・回避策

私たちは不動産投資の会「プレイヤーズ」のメンバーです。

プレイヤーズとは、関西を拠点とするプライベートな（オモテにでない）収益不動産オーナーの集まりで、現在46名の会員がいます。

ほとんどのメンバーが本業を持ちながら不動産投資を始め、着実に物件数を増やしています。職業はサラリーマン、公務員、大学の助教授、医者、バスの運転手、外車販売社長、それから専業主婦の方もいます。

メンバーが顔を合わせると、異文化交流のように様々な視野から意見を交換することができ、とても有意義です。誰かの取り組みがうまくいったときは、成功事例として会員全員にシェアします。

私たちの目標は、全員揃ってハワイで豪遊することです。

「みんなで成功して幸せになる！」のスローガンの下、活発に情報交換を行い、協力しながらこの目標達成に向け、がんばっています。

現在、メンバーが持つ収益物件の合計は98棟で、金融機関からの借入金はトータルで93億円に上ります。

ほとんどの会員が、財産が皆無という状態から資産を形成しようと考えているため、必然的に借り入れは大きくなります（フルローン大前提！）。

不動産投資はリスクと背中合わせです。いかに失敗を回避し、無駄な出費を抑えるかが私たちにとっての重要なテーマです。

本書は、不動産投資を行う中で私たちプレイヤーズのメンバーが体験した数々の失敗と、その対処法、そして失敗から得た教訓についてまとめたものです（失敗以外の体験談も少し含まれています）。

この本を読んだみなさんが、不動産投資での失敗を回避するために、私たちの体験が生かされれば嬉しく思います。

プレイヤーズ　メンバー

※今後も平穏に活動を続けるため、実名ではなくニックネームを使用していることをご了承ください。また、同じメンバーが複数の失敗談を披露しているケースがあり、その場合には同じニックネームが再出します。

不動産投資
これは危うい
[絶体絶命]46のリスト

～実事例で学ぶ失敗・教訓・回避策～

もくじ

#4 うっかりミスは許されません！
【契約・引渡にまつわる失敗・教訓・回避策】

#5 トラブルはいつも突然にやってくる…
【建物・設備に関する失敗・教訓・回避策】

#6 予想不能のトラブルは日常茶飯事
【入居者に関する失敗・教訓・回避策】

#7 頼りになるパートナーはどこ?

【管理会社にまつわる失敗・教訓・回避策】

#10

地震・竜巻・孤独死……

【天災や突発事故に関する失敗・教訓・回避策】

カバーデザイン▼EBranch 冨澤 崇
本文図版作成▼原 一孝
本文レイアウト▼Bird's Eyes

＃1

こんなことなら、買わなきゃ良かった!?

【物件購入にまつわる失敗・教訓・回避策】

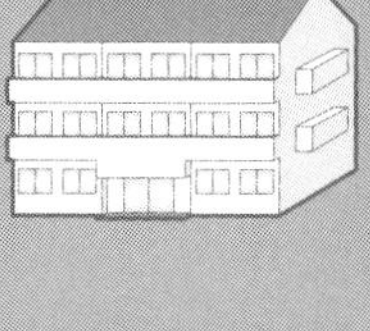

01

3棟目以降の融資がおりない…。あとの融資のことを考えて、最初の物件を選べばよかった！

私は平成17年に、初めての投資用不動産を購入しました。当時の私は不動産会社に勤めていたため、周りの同僚にも区分所有のワンルーム等を所有している人が多くいました。彼らは大きく手がけるわけではなく、小遣い程度の収入が入ることに、満足していた様子でした。

私は生家が貧しかったため、早く裕福になりたいと小さい頃から願っていました。

社会人になって得た給料は、もっぱら投資（時には投機？）に使いました。貯金はほとんどせず、株で少し儲けたり、逆に○○○万損したりといったことを繰り返していました。

株の損失が大きくなったため、不動産投資に切り替えることにしました。不動産なら、株と違い、いきなり家賃が半分になることはないだろうと思ったからです。

最初に狙ったのは競売です。10％の利回りがあれば、状況が悪化しても7％程度に収まると考え、実質利回り12％以上を基準に入札に参加しました。そして、大阪市内と神戸市内に各1戸ずつ区分所有を取得しました。

当時の競売は今と違い、一般投資家は全体の2割程度で、プロまたはセミプロがほとんどでした。競争倍率も6倍程度だったと思います。

運良く、自分の考えていた価格で落札でき、不動産投資デビューを果たしました。

2戸中1戸は入居者付きで落札でき、現金で購入していたために管理費・修繕積立金を差し引いても毎月4万円程度が手元に残りました。

別のもう1戸は空室でした。残置物の片付けやリフォーム、管理組合との交渉等に時間をとられたため、入居者募集を開始できたのは、落札から3ヶ月後のことでした。募集開始から2カ月間後にようやく入居者が決まり、こちらも月4万円程度の手残りを確保できるようになりました。

幸いなことに滞納もなく、2物件で8万円強が毎月、銀行口座に振り込まれました。

しかし、あるときから私は、現金700万円弱の投資に対し、毎月8万円の手残りは少ないな……と感じるようになりました。

＊　＊　＊

勤めていた不動産会社には不動産投資事業部がありました。その部署は、融資を利用しながら、全国の主要都市に投資物件を購入し、高い利益を出していました。

そこで私も、融資を受けて物件が買えないか？　と考えるようになりました。

自分に買えるのは木造のアパートくらいだろうと考え、日々の仕事をこなしながら、休みの日に物件を探したりしていました。

そんなある日、大きな転機が訪れました。不動産投資事業部の責任者に任命されたのです。物件情報が業者から次々に集まり、仕事で物件を見に行く機会も増えました。

当時は融資もゆるかったため、会社ではファンドや*SPCといった金融力学的な考えに基づいて物件を取得することがよくありました。融資実行は、会社の財務部門が担当していました。

持ち込まれる物件の中には、会社の基準に合わないものも多く、中には私から見てもったいないと感じるものもありました。

あるとき、部下から「会社の基準に合わず、社長の許可は出なかった物件がある。しかし、業者さんとのつきあいもあるので、なんとかならないだろうか」という相談を受けました。

現地に行くと、駅徒歩1分と便利な立地で、築年数の割に手入れがなされている印象でした。これが私にとって初となる1棟物件との出会いでした。積算評価が購入価格の60%程度しかないのが気になりましたが、キャッシュフローが出やすかったため、購入を決めました。このことが、後々、融資の足を引っ張ることになるのですが、それに気づくにはもう少し時間がかかりました。

2棟目のチャンスはすぐやってきました。懇意にしている業者からの情報で、これも築年数と所在地で、会社の基準に外れる物件でした。

24戸中7戸の空室があり、築20年でほとんど手入れがされていないボロ物件です。しかし、利回りがその時点で10%ありました。当時、融資に積極的だったSMBCの担当者から、「評価が出

*SPC：特定目的会社(Special Purpose Company)。特定の資産を裏付けとした有価証券を発行するためだけに設立された法人で、不動産証券化のために活用される一種のペーパーカンパニー。

るので、諸費用も含めたオーバーローンが出ますよ」と言われたことが決め手になりました。

その後、サブプライムローン問題やそれに続くリーマンショックの影響で、大手のマンションデベロッパーが多数倒産しました。私が勤めていた会社も事業の見直しがなされ、私が担当していた部門も閉鎖に。立場上、仕事仲間を多数リストラすることになりました。

私自身は肩をたたかれることはありませんでしたが、多くの人をリストラした負い目と、私の給料で若手社員3人を雇えることなどを考慮する気持ちから、平成19年の11月に、自らの意思で退職しました。

当時の保有不動産はマンション2棟44戸で、支払い後の毎月のキャッシュフローは約80万円でした。もしこの収入がなかったら、オーナーの言葉に甘えて、あのまま会社に居続けていたと思います。

はからずもリタイヤ?(イメージしていた裕福な暮らしとはだいぶ異なりますが……)となってしまいましたが、昼間からブラブラするわけにもいかず、もともと持っていた宅建の免許を生かすことにしました。約230万円を支払って兵庫県知事認定の宅地建物取引業者の登録を行い、家主業のかたわら、仲介業を始めることにしました。

とはいえ、仲介の仕事はテレビコマーシャルを流している大手や、知名度の高い地元の老舗等が幅を効かせており、小資本で新規参入の個人事業主が充分な利益を上げるのは厳しい市場です。

私は大きな借金を抱えており、家賃収入とはいってもわずか2棟分で、しかも1棟はボロ物件ですから、かなりリスキーな状況に置かれていました。

そこで、この状況を打開すべく、必死で3棟目の物件購入にエネルギーを注ぎました。しかし、金融機関に物件を持ち込んでも、融資がおりません。何棟持ち込んでも、結果は同じでした。

融資が通らないという経験を通して、金融機関の物件の評価の仕方（積算評価・収益還元評価）や、個人の信用に対する考え方等を学びました。

＊　＊　＊

人により目指す姿は違うと思いますが、富を効率よく増やすためには、区分所有はおすすめしません。手間がかかる割には、残るキャッシュが少なすぎます。

資産を加速させるには、1棟物の収益物件をできるだけ現金を使用せず、金融機関から融資を受けて買う手法が効率的です。

家賃収入から得られたキャッシュは無駄遣いをせず、次の物件の取得に充てます。これを繰り返すことで驚くほど富が加速していきます。

私はまだ途上ですが、2棟のマンションからの家賃収入があったおかげで、退職しても暮らしていくことができました。プレイヤーズの仲間のAさんは、3年で8棟取得し、驚くほど資産を増やしています。

物件によって色々なことが起こりますので、収入を安定させるためにも、まずは5棟所有することをおすすめします。

朝日（所有棟数：5棟）

02 身勝手な売主に翻弄されて、購入を断念。しかし、不運の先に思いがけないラッキーが待っていた!

不動産投資を始めた頃、先輩から「とにかく物件を見に、現地に行け」ということを教えてもらいました。当然、地元の物件なら実行できます。しかし、遠方の物件はどうでしょうか。皆さんは、買付けを出すかどうかもわからない状態で、すぐに現地まで行くことができるでしょうか?

ある日、福岡に良い物件が出たので、プレイヤーズの先輩に相談してみました。先輩は、「すぐに行っておいで」と言います。

「飛行機代も高くつくし、買付け承諾を得てからでもいいのでは?」と訊くと、「飛行機代の3万や4万、物件買ったらすぐに取り戻せる」との返事です。

「一日遅れる、いや数時間遅れるだけでも買えるか買えないかやで」の言葉に背中を押され、すぐに飛行機で福岡に向かいました。

福岡では、若手仲介業者のHさんが待っていてくれました。会って一言目に、「買い付けも出されていないのに、はるばる大阪から来たのですか!? こんな人初めてです」と驚かれました。

物件は、隣り合わせで建っている2棟の同時売却でした。売主は、福岡の大手デベロッパーの会長さんです。そのうちの1棟に買い付け申込書を提出し、大阪に戻りました。

後日、口頭で売り渡しの承諾を受け、早速、銀行融資を申し込みました。融資依頼先は、自己資金1割、金利1％台の低利融資が可能な大手都市銀行です。

融資依頼と並行して、不動産管理法人で取得する（その銀行は可能）ため、既に準備していた法人を設立しました。

数週間後、融資の承諾がおりました。あとは契約して、決済を迎える流れです。

ところが、契約日を決めたいのに先方からなかなか連絡が来ません。売主側の担当者であるHさんがしびれを切らして、売り主の会長宅に押しかけたのですが、結局、その話は流れてしまいました。

ぎりぎりまで返事を先延ばしにして、より高く購入できる客を探していたようです。案の定、2棟同時取得の客に売却されてしまいました。

結局、せっかく設立した新規法人は、売上げなしで1期目の決算を迎えました。

＊　＊　＊

結果として、この物件は買えませんでしたが、このときに身につけた迅速な行動のおかげで、後日、良いことがたくさん起きました。まず、数ヵ月後、名古屋の物件を購入できることになりました。福岡の物件のときに融資ＯＫをもらっていた銀行の融資を受けたのですが、実は最初、「福岡のときより融資基準が厳しくなったので、自己資金が3割必要である」と言われました。

ところが、福岡の物件で融資の申し込みをしていたことが考慮され、最初の融資に限るという条件つきで、前回の基準（自己資金1割）での融資を受けることができたのです。

設立したまま休眠状態で1期が経過していた法人の存在も、融資付けに奏功しました。別の銀行で、1期の決算を終えた法人であれば、売上げがなくても経営していると判断され、より有利な条件での融資を受けることが可能と言われたのです。

そして何よりの財産は、福岡で出会ったHさんです。福岡のことがあって以降、良い物件を一番に紹介してくれたおかげで、1年で2棟の優良物件を取得することができました。

迅速な行動をすることで後々の結果が変わること、そしてすべての行動には意味があるということを実感しました。

【この経験から得たもの】

◆仲介業者のHさんに「本気度」を見せたことで、優良物件を一番に紹介してもらえる関係を築けた。

◆大手都市銀行に融資依頼をしたことで、次の物件でも良い条件での融資が受けられた。

◆新規法人が売上なしで第1期決算を迎えたが、ある銀行ではそれでも経営していることと見なし、有利な条件での融資を受けられるとわかった。

ＪＳ（所有棟数　３棟）

03

決済後に気づいた数々の問題点。「欲しい欲しい病」に負けた自分を猛反省…。

不動産投資の勉強を開始したのは2010年の2月でした。業者さんから、少しずつ良い情報が届くようになり、物件を見ては買い付けを入れ、金融機関へ融資の申し込みをするという作業を続けました。しかし、なかなか銀行がOKを出してくれません。

物件を買えないまま、1年が過ぎました。その頃、新しく知り合った仲介業者の方がとても熱心に物件を紹介してくれていました。しかし、こちらに買う気はあっても、銀行の融資がおりません。

行き詰まりを感じていたある日、その業者さんから、「どこにも出ていない社内にも出してない極秘物件があります」とある物件を紹介されました。

見ると、築23年の大都市に建つRC造で利回り10%以上という物件。私が探し求めていた条件にピッタリです。

そして悪いことに、その条件を聞いた時点で、私はある病気にかかってしまったのです。

その病気とは「欲しい欲しい病」です。この病気にかかってしまうと、冷静さが失われます。
◆3点ユニット→ビジネスホテルみたいでいいじゃない。
◆部屋が狭い→大都市だから狭くても需要はある。
◆家賃が下がっている→管理の仕方が悪いんだ、きれいにすれば家賃も上げられる。
◆駅からの道に人通りが少ない→閑静な住宅街でいいじゃないか。
このように、物件を買いたいがため、頭の中で、本来ならマイナスの要因を、自分の都合よくプラスに解釈してしまうのです。

大都市だったのが良かったのか、銀行のOKもあっという間に出ました。自分が「欲しい欲しい病」に冒されていることに気づくどころか「俺の眼は正しかった」と慢心状態です。すぐにローンの申し込みをしたところ、当初よりいくつか条件が付いたものの、無事金消契約となりました。

契約時、その物件には売主の知人らが入居していたのですが、契約後に彼らの退去が続き、引渡し時には12戸中5部屋が空室になっていました。退去したのは、家賃が高い部屋の入居者ばかりだったため、利回りは急降下です。

今思えば、「知り合いを一時的に入居させて、利回りを上げて売る」という相手の戦略にまんまと引っかかったのかもしれません。物件を紹介した仲介業者に確認したいところですが、担当者は決済後に退職してしまいました。

管理会社に、客付けの依頼をしても、「頑張ります」「賃貸業者を回っています」というだけで、

1ヶ月たっても、2ヶ月たっても入居者は決まりません。

ようやくここに来て、自分が「欲しい欲しい病」にかかっていたことに気づきました。

冷静になってから、物件をよく見てみると、売り主の知人が住んでいた1階に、本来なら撤去されているはずの看板が残ったままです。誰でも気づくような階段のクラックも見落としていました。しかし、後の祭りです。

看板は、「自分の前の住人が付けたから知らない」、クラックは「今さら言われても対応できない」と言われて終わりです。このまま空室が埋まらなければ、ローンを返して電気代等を払ったら、実質赤字です。もう後がありません。

＊　＊　＊

まずは一番狭い部屋から古い棚を取り外し、壁の一面だけクロスを替えました。そしてそこに家主御用達の*ＩＫＥＡ《イケア》で見つけた上がベッド、下が机になっている家具を入れたところ、なんと1週間で入居者が見つかりました。

別の部屋もＩＫＥＡの家具を入れました。こちらは時間がかかりましたが2月3月の繁忙期には、入居者が決まりました。

管理会社のがんばりもあり、手を入れてない別の部屋も決まり始め、今はあと1室まで空室を減らすことができました。現在も満室へ向けて、家具や照明などを工夫している最中です。

＊　＊　＊

*IKEA：スウェーデン発祥で、ヨーロッパ・北米・アジア・オセアニアなど世界に出店している世界最大の家具販売店。

「欲しい欲しい病」は自分がかかっていることに気づきにくいのですが、ヘタをすると大家人生を終わらせかねない危険性があります。物件を検討するときは、くれぐれも冷静さを失わないようにしましょう。

対策として、売買契約をする前に、経験豊富な先輩大家や厳しい目を持った配偶者を連れて、一緒に物件を見てもらうことをおすすめします。

ももぞう（所有棟数　2棟）

04

入居期間が短すぎて儲からない！表面利回りに踊らされず、リスクにも目を向けるべきだった！

私が初めての投資物件を購入したのは、リーマンショックから1年以上経過した2009年の年末でした。東北の地方都市、福島県郡山市のRCマンションです。築20年で価格は2億円、表面利回りは18％超でした。

不動産投資の本などでよく使われる評価方法である「入居率85％、経費率15％」で計算すると、サラリーマン年収並みのキャッシュフローが見込めました。

これで一発リタイアか！　と心が躍りました。

安い理由は、売主のファンドが、リーマンショック後に別のファンドが投売りしていたバルク物件を相当な安値で入手したから、ということでした。

売主は、私に売った利回り18％の価格でも、十分に利益が出ていたようです。年末が迫っていたこともあり、年内の利益をとりあえず確定するために、この価格で売り出したということでした。

さて、購入時は8割弱だった入居率でしたが、その後、仲介業者への営業や募集条件の見直しなどにより、徐々に入居率は改善し、9割を超えるまでになりました。

こうなるとキャッシュフローは、サラリーマン年収を大きく上回ってウハウハ…のはずでした。

ところが、現実はそんなに甘くはありません。この物件は単身者向けのもので、平均家賃は3.5万円程度です。周辺エリアで単身用は供給過剰気味だったため、広告費は平均で家賃2ヶ月分程度が必要になります。私はさらに、担当者向けの報奨金を用意していたために、入居時に家賃2.5〜3ヶ月分の費用がかかっていました。リフォームやクリーニング代を含めれば、トータルで5〜6ヶ月分のお金がかかることもあります。

つまり、苦労して入居を決めても、最初の数カ月はまったく収益に貢献しないのです。

それでも、一般的に単身者の平均入居期間は3〜4年程度と聞いていたので、4年間（48ヶ月）住んでもらえば42〜43ヶ月分の家賃分は実質収入として見込めるだろうと考えていました。

しかし、実態は違っていました。入居期間が想定していたよりも短かったのです。しかも恐ろしいほどに……。

マンションの入居者は3〜4割が学生で、残りが社会人という構成です。

社会人の入居者層は、大手企業の転勤需要はさほど多くはなく、主要な入居者層は転職して郡山に引っ越してき人たちや、社会人になったことを契機に一人暮らしを始める人たちが中心でした。つまり、現在の職場に勤め始めてから、比較的日の浅い20代〜30代前半の世代が大半だったのです。

この層の入居期間が、考えていたよりずっと短期でした。入居希望者の平均年収は200万〜300万円程度で、家賃に駐車場代を加えた負担額は手取り収入の3分の1から4分の1程度になります。この割合は、一般的には許容範囲と考えられています。

しかし、入居して数ヶ月もすると家賃入金が遅れ始め、結局は一年も経たずに退去するケースが相次いだのです。

前述したように、広告費やリフォーム費用をそれなりにかけているため、最低でも2年は住んで欲しい、それくらいは住むだろうと考えていたのですが、これが大甘でした。

ひどい場合では4ヶ月で退去という例もありました。こうしたケースは特殊ではなく、直近に退去した5人の平均入居期間(平均ですよ!)を調べると、たったの7ヶ月でした。ということは、実質の収入はたったの2〜3ヶ月! ということです。

退去理由はほとんどが、「実家に戻る」「会社を辞める」というものでした。一人暮らしを初めてみたものの、経済的に厳しくなった。会社が嫌になりフリーターに戻った。人により状況は様々ですが、要するにお金がないのです。

さすがにこの7ヶ月という数字はひどいとは思いますが、それでも仮に1年程度が平均としても、入居時の広告費、リフォーム等の費用4ヶ月分を考慮すると、実質の収入は家賃8か月分にしかなりません。これでは満室になったとしても、実質利回りは12％（18％×8／12ヶ月）まで低下してしまいます。

これだけではありません。昨年、大規模修繕を実施しましたが、この費用が3000万円ほどかかりました。当初、物件価格2億円に対して、18％の利回りを想定していたのですが、実態はというと、10・4％（12％×2億円／2・3億円）程度です。

私の場合、もともとの表面利回りが高かったため、これでも十分収支は回ります。しかし、これが表面利回り12～13％程度のものだったら、実質利回りで7％程度にまで下がっていたとも考えられます。

＊　＊　＊

物件の購入時には、様々なコストはもちろん、想定される入居期間等についても調査し、実質的にどれくらいの収益が見込めるのかを十分検討した上で判断する必要があります。

そうでないと、「高利回り物件を購入したはずなのに借金が返せない！」などという事態にもなりかねません。

高い表面利回りだけに目を奪われると、あとで大変なしっぺ返しとなることもあるので気をつけましょう。

マーキー（所有棟数　2棟）

05 1番手の買付を逆転でさらわれて大ショック! 実力のある業者さんにお願いするべきだった!

ある土曜日、飲み会の最中に何気なく携帯でメールをチェックすると「物件情報」の文字がありました。早速中身を確認すると、なかなかお目にかかれないような収益性の高い物件情報です。飲み会が盛り上がりを見せる中、メンバーに断って、すぐに現地へ向かいました。

現地に到着したのは夜の8時を回った頃でしょうか。一通り物件を確認した後、1階のテナントで営業していたBARに入り、ビールを飲みながら、マスターに物件についてヒアリングしてみました。

結果、不良入居者はおらず、周辺環境にも特別な問題はなさそうでした。物件自体も、築年数相応の痛みは見受けられるものの、収益性でカバーは可能と考え、その足でコンビニに寄って、買付けのFAXを送信しました。

翌日、仲介業者の担当さんから買付け一番手と聞き、まずは一安心です。早速、銀行融資等、バタバタと購入準備を始めました。

それから数日たったある日、担当さんから一本の電話が入りました。

「ノリさん。ちょっと困ったことになりまして……」。一体何かなと思って話を聞いてみると、「どうやら横やりが入ったようでして……」と言います。

詳しく聞いてみると、別の仲介会社経由で、より高い金額で買付けが入り、売り主さんがそちらに傾いているとのことです。いわゆる「買い上がり」というやつです。

マナー違反をする謎の人物に対し、腹立たしい気持ちでいっぱいでしたが、みすみすこの物件を逃す気もありません。買い上がりの金額を確認後、その金額でも収益的に問題ないことを確認した上で、同じ金額を売り主さんに再提示するように伝えました。

翌日、担当さんから連絡がありました。ドキドキしながら結果を聞くと「ちょっと厳しそうです……」とのこと。

一番手の私が、買い上がりと同じ金額を提示したにもかかわらず、なぜ「厳しい」のかまったく理解できません。そこで私は、いろいろと担当さんに状況を問いただしました。

しかし、担当者さんは「売り主さんがご高齢で」とか、「売り主側の仲介が不在で」とか、要領を得ない回答を繰り返すばかりです。

「絶対に話がおかしいから、しっかりと売り主さん側に状況を伝えてください」と念を押しはしましたが、結局この物件は、買い上がりを仕掛けた謎の人物に持っていかれてしまいました。

＊　＊　＊

実はこの話には後日談があります。買い上がりを仕掛けて物件をさらっていった謎の人物、なんとプレイヤーズのメンバーだったのです！　もちろんその方も、当初は私が検討していた物件とは知っていませんでした。

詳しく話を聞いてみると、ご本人は「買い上がり」を仕掛けたつもりは一切ないとのこと。普通に仲介業者さんからもらった概要書の金額で買付けを入れ、一番手を取り、購入に至ったとのことです。この方は日頃からお世話になっている先輩投資家さんで、信用のおける方ですので、この話は真実だと思われます。

そうなってくると、正しく情報を伝えていなかったのはあの仲介会社の担当さんということになります。経緯の詳細は未だに謎のままですが、間違いなく言えるのは、あの担当さんは売り主側ときっちりと交渉できず、ライバルとの勝負に負けてしまったということです。

＊　＊　＊

この件を勝負に例えると、結果的に私（の仲介さん）が負け、先輩投資家さん（の仲介さん）が勝ったといえます。この勝負を分けた要因は何だったのでしょうか。

どうやらこの先輩投資家さんは、日頃から仲介会社との関係を重視し、人間関係をしっかりと築かれているようです。それに対して私は、今回の担当さんとは初めての案件であり、メールと電話だけの関係にすぎませんでした。

この違いは不動産取引において、非常に大きな差を生みます。結局、この差が、物件のグリップ力の差となり、今回の結果をもたらしたのでしょう。

一度の取引で数億円が動くことも少なくないのが不動産売買です。失敗の許されないこの取引で、信頼のおけるパートナーときっちりとタッグを組むことの重要性を実感した出来事となりました。

みなさんも日頃から、仲介会社さんをはじめとする「自分の力」となってくれる人物との人間関係作りを、しっかりとされることをおすすめします。

ノリ（所有棟数　1棟）

＃2

調子のいい言葉を鵜呑みにするべからず

【仲介業者にまつわる失敗・教訓・回避策】

06

頼り切っていた仲介業者が購入後に失踪！業者を当てにせず、オーナーとしての責任を持つべきだった！

一棟目のアパート購入から3年弱、次の物件購入が思うように進まずにいたある夏の日に、メルマガ経由で一棟マンションの紹介を受けました。条件を見ると私の理想どおりであり、何としても手に入れたいと思い、仲介業者にすぐに電話を入れました。

ところが、フルローンでの購入が前提であることを伝えると、担当者は「今の融資情勢ではフルローンなど無理なのであきらめた方がいいですよ」とそっけない回答。

わずかな可能性にかけ、収益不動産に積極的な融資付けをしている某地方銀行（金利4・5％で有名な銀行）に問合せをしたものの、「頭金1割以上に加えて諸費用分の金融資産が必要」との返事で、この物件はあきらめることにしました。

その直後、登録していた「楽待」を通して某業者から物件の紹介を受けました。現地に行ってみると、若干胡散臭《うさん》そうな社長さんが、空室を案内してくれました。

「大阪府下のRC物件で検査済証があり、これだけの利回りがある物件は掘り出し物ですよ」

とすすめてきます。確かにその通りだと思い、フルローンにできるだけ近い融資付けの段取りをお願いし、その場は別れました。

後日、すぐに連絡があり、「某地方銀行で取組んでもらえる可能性が高い」ことがわかりました。早速、銀行訪問に同席してもらい、融資担当者に強く押していただきました。

その結果、紆余曲折《うよきょくせつ》はありましたが、何とか契約にこぎつけることができました。

この間、社長さんは非常に精力的に動いてくれました。その業者さんは売主と買主の両手分の手数料を得る立場にあったのですが、ありがたいことに仲介手数料も割り引いてくれました。

中には、あれ？と思う部分もありましたが、こちらの立場に立って、親身にやってくれているという印象を受けました。

社長は、私のために色々な提案もしてくれました。その中に、経営が安定するまでの2年間は、業務委託契約書という形で以下の内容を約束するというものがありました。

①空室及び退去後の入居者斡旋にかかる費用と広告料については、業者側で負担する。

②巡回点検をして、清掃・樹木の剪定《せんてい》を行う。共用部の電球交換を行う。

③物件管理状況を管理会社と連携して報告する。

悪くない条件だったので、社長を信じて、管理の一部をお任せすることにしました。ところが、あるとき、管理会社を通じて現入居者より家賃減額交渉が入り、理由を確認すると、マンションの清掃が行われておらずサービスが悪化している点を指摘されました。

また、空室が埋まっても①で約束した広告費等を肩代わりしてくれません。催促すると、「経営が苦しいのでちょっと待って欲しい」の一点張り。その場を取り繕うのがうまく、のらりくらりとかわされました。そうこうしている間に、社長との連絡が段々ととりづらくなりました。こちらを避けているのは明らかでした。

＊　＊　＊

すぐに別の清掃会社と契約し、物件のバリューアップに努めました。このとき、利回りの低下と必要経費の圧迫をカバーするために、携帯電話会社に屋上アンテナ設置交渉を行って、賃貸料の改善に成功しました。

また、違法駐車をしている住民と交渉し、駐車場の賃貸契約を締結するなど、可能な範囲で利回りアップを図りました。

同時期に、銀行に金利交渉をした結果、金利を引き下げることもできました。

結局、その業者は倒産してしまい、約束したはずの購入後のフォローの恩恵は一切受けることができませんでした。その後も、音信不通の状態が続いています。

全幅の信頼を寄せていただけに、一時期は裏切られたと、悔しい気持ちもありました。しかし、物件を購入できたことは事実ですし、購入までのステップでは勉強になることも多々あったため、引きずっていても仕方がないと気持ちを切り替えました。

この件があって、自分自身の責任で切り盛りしていこうというオーナーシップ精神が芽生えました。今では、自分が成長するために必要な経験だったと捉えています。

＊　＊　＊

人を当てにすることなく、全てを自分自身で解決しようとマインドセットしてからは、スピードをもって課題解決に取り組めるようになりました。今回の失敗談から得られた教訓は、次の3点です。

①最終判断はあくまで自分の決定であると認識すること
②課題が浮き彫りになった時点ですぐに解決に取り組むこと
③情報を鵜呑みにせず、納得するまで徹底的に調査すること

現場に精通している業者を必要以上に頼ってしまうことは、誰にでもありうることだと思います。しかし、よく考えてください。なぜ業者がそこまで親切に面倒をみてくれるのでしょうか。それは、業者が自分たちのメシの種である仲介手数料を稼ぐためです。

このことを肝に命じて、必要以上の介入提案は避けたほうが無難ではないでしょうか。

まずは経営のプロとして、不動産業務全般を見極める力を身に付けておくことが大切です。そうすれば、想定外のトラブルに巻き込まれるリスクを軽減できるはずです。

不動産投資は、自分でコントロールできる余地が大きく、そこが魅力でもあります。成功するには、十分な知識を身に付けて、それを行動に移すことが重要と考えます。

ケン（所有棟数　2棟）

07

知識不足から手残りの少ない区分ワンルームを5戸購入。最初の物件は成功者の話を聞いてから買うべきだった！

28歳のとき、転職して現在の会社に入りました。この会社では、「つい最近まで普通にオフィスにいた人が、ある日突然いなくなる」という怪奇現象のようなことがたまに発生します。

私の職場は、米国に本社のある外資系のソフトウェア販売企業。その怪奇現象とは、いわゆるリストラです。

リストラ対象の社員には、人事部からメールでその旨が告げられ、速やかに荷物をまとめて（早い場合には翌日までに）出て行くように指示があります。送別会はいつやろうか？　などと言っている余裕もありません。

現場の目から見てさほど仕事の仕方に問題がない人でも、組織が変わることで居場所がなくなり、リストラ対象となることもありました。

このような事情のせいで、私は「成績を残すよう頑張って仕事をしても、会社の都合でいつクビになるかわからない」という不安をじわじわと感じるようになりました。そして、「本業以外で収入を得る道を作らないと危ない」と考えるようになったのです。

効率の良い副収入の道を模索する中で、30歳までに株や外貨預金を始めました。しかし、なかなか思うような成果を得られません。

これや！　というものに出会えないまま35歳になったとき、不動産投資という世界があると知りました。

早速、本やネットで調査を始め、物件の購入に向けて動き出しました。経験のない世界ですので、まずは手ごろな中古ワンルームを探すことにしました。

何事も、成功しようと思ったらその道の成功者に聞くのが一番早いと言われます。しかし、2005年当時、私は成功している大家さん、しかも自分と同じサラリーマン大家さんにどうすれば接触できるのかが、まるでわかりませんでした。

一度、酒の席で会社の先輩に「不動産投資を考えている」と話したところ、「お前は何を考えてんねん」と冷めた反応。全く話に乗ってくれない上に、訝《いぶか》しげな目で見られてしまいました。

これを機に、会社で同志を探そうとしてもアカンなという気になり、職場では一切、不動産のことを口にすまいと決めたのでした。

当時は今と違い、サラリーマン大家向けのセミナーや交流会などもあまりなく、そういう場所に参加するという発想もありませんでした。そして、私は独学でしか勉強をしていない状態で、不動産投資のスタートを切ることになったのです。

ある日、東京（一部神奈川もあり）の中古区分ワンルームマンションを専門に扱う業者のサイトが目に入りました。そのサイトには、次のようなことが書いてありました。

◆マンション経営で最も重要なことは、マンションを借りてくれる「人」がたくさん集まる土地を選ぶこと。つまり、東京が良い。

◆「中古」は賃料が安定している。部屋を借りる人のニーズは、安価な「中古」に向いている。そのため、「中古」なら安定した家賃収入と利回りが見込める。

◆大規模な一棟アパート・マンション経営を購入するには、億単位の借金が必要となり、金利上昇のリスクに非常に弱い体制となる。また、一棟物には老朽化による修繕・建替え、競合アパートとの家賃値下げ競争、火災や地震による被害など、他にも様々なリスクがある。

このような論調で、東京・中古・区分ワンルームの物件をすすめています。

今の私なら、このような謳い文句に対しても「いやいやそんなことないでしょ…」と反論の一つもできるのですが（実際に、東京以外の場所に一棟物を持っています）、当時の私は、まだ不動産に関して豆粒ほどの知識しかありませんでした。そのため、そのサイトを見て、「全くおっしゃる通り！」といった気分になってしまいました。

そこで、そのサイトのお問い合わせフォームから「東京の物件に興味はあるのですが、大阪在住なので、話に来ていただくのは難しいですよね」と尋ねました。すると、「すぐに行きますよ」という返事です。

いや〜これはありがたいな〜とのん気に思っていると、数日後に、営業担当者が3戸の物件資料を携えて自宅にやって来ました。物件資料によれば、表面利回りが6〜7％台、自己資金を1戸あたり100万〜250万円入れて、月の収支はプラス一万弱になるということでした。

今、改めてこの数字を見て、何でこんな話に乗ったのかが不思議でなりませんが、当時はそれだけ無知だったということでしょう。

その場に同席していた嫁の了解を得た上で、3戸中2戸を購入することになりました。

もしもタイムマシンがあるなら、この場面に飛んでいき、このイタい夫婦に「ちょっと待ったーっ！」とドロップキックの一つでもお見舞いしたいところです。

最初の契約からひと月ほど経った頃、私が購入したマンションの別の部屋が売りに出たので、奥さんもどうですか、と営業担当者が話を持ってきました。そのまま嫁も購入することになり、なんと夫婦で釣られることになりました。

この業者からはその後、新地での接待攻撃を受けて気分が良くなったこともあり、買い増し分も含めて私が3戸、嫁が2戸購入することになりました（その後1戸ずつ売却）。

現在、嫁の所有分の1戸は、ローンが完済し、それなりにキャッシュを生んでいます。

しかし、私の持つ2戸は、購入後に「ローン金利上昇」「修繕積立費値上げ」「家賃値下げ」とトリプルパンチに見舞われ、収支も赤字というお恥ずかしい状態になっています。

＊　＊　＊

その後、勉強会に出るなどして他の大家さんの話を聞くうちに、一棟物にシフトチェンジすることを決意。そして区分の購入から3年後に、無事に2棟のアパートを所有することになりました。繰り返しになりますが、成功への近道は、成功者の話を聞くことだと思います。それも、様々な人から話を聞くことが重要です。ですから、多くの大家さんが集まるような機会には物怖じせず行くべきでしょう。

素人の身で参加するのは気が引けるという方もいるでしょうが、そのような場に集まる人で、自分の知識を教えるのを渋るセコい人はいません。

私が東京の区分マンションを購入した業者は、業者値段で購入した区分マンションに、かなりの利益を上乗せして顧客に売り、なおかつ管理会社として管理費も受け取るという仕組みで経営が成り立っています。

この方式ですから、この業者から、割安で物件が買える訳もありません。ただし、物件の管理についてはオーナー専用のサイトもしっかりしており、管理担当者の対応も非常に丁寧で、人やモノにお金を費やして、手厚い管理を行っている印象です。

社長が書いている本も非常に売れているようで、収益性に乏しくても安心してマンションを持ちたい、という顧客層をうまく集めている様子です。

不動産投資に求めるものは人によりそれぞれでしょうが、今の私は、収益性が大事という考えを持っています。そういう意味では、手残りの少ないワンルーム投資は失敗といえます。自分が求めるものは何かをよく考え、それを得るためにはどのような業者と付き合うべきかを見極めることが大切だと思います。

＊　＊　＊

なお、この区分マンションを購入する際、営業担当者は売買契約のために大阪まで来てくれただけでなく、金消契約のために銀行員も連れてきてくれました。

つまり、東京の物件を買うのに大阪から全く出る必要がなかったのです。数年後に売却する際には、買主が東京の企業だったこともあり、売買契約時と決済時にそれぞれ東京に行く羽目になりましたが……。

この東京の区分マンションの購入・売却を通じて身に沁みてわかったのは、「楽に手に入れたものは後に苦労させられることになる」という人生全般に通じる教訓でした。

トム（所有棟数　2棟）

08

「買ってくれたら防水工事をする」はウソ！調子の良い仲介業者に油断した自分がバカだった…。

2010年に、築20年の中古一棟マンションを購入しました。

最初、それとは違う別の物件を紹介され、買付を入れていたのですが、1番手の方が購入したため、私は買えませんでした。

ただ、そのときに銀行に融資を打診した際、「フルローンが出せます」との返答を受けたため、仲介業者の中では、私が「融資が通る客」としてランク付けされたようです。

それから何週間後、その業者さんから、地元の物件が売りに出ているという連絡を受けたため、資料を取り寄せてもらいました。内容を見て、悪い物件ではなかったので、すぐに業者の方と見学に行きました。

外装はきれいでしたが、屋上は少し、防水が行き届いていないところがありました。業者さんは、私の不安を感じ取ったのか、「購入していただければ、この部分は私が無償で防水工事を行います」と提案してくれました。

この件に限らず、この担当者さんはリアクションの良い人で、物件の購入についてのあらゆる質問に、スピーディに、丁寧に答えてくださいました。

重要事項の説明をしに家まで来てくれたり、外装の補修についての作業明細がほしいと連絡すると売主から取り寄せてくれたり、管理料の値引き交渉を管理会社と行ってくれたりなど、こちらが要望すればすぐに応じてくれました。

その後、無事に融資が通り、その物件を購入することができました。決済を終えて売主に物件代金を支払いし、業者にも仲介手数料を支払いました。しかし、その業者が約束してくれた屋上防水の工事は終わっていなかったので、その件で連絡を入れました。

「購入前に約束して頂いた屋上防水はいつやっていただけますか?」と聞くと、「9月に入れば知り合いの業者にお願いして行います」という返事です。

9月下旬になり再度連絡すると、「知り合いの業者の都合がつかないのでまだできていません」とのことでした。

「いつまでに工事していただけますか?」と聞いたところ、「11月下旬までには」と返ってきました。この時点で、なんだか怪しいなぁと思い始めました。

その後、渡さなければいけない書類があったため、家に来てもらいました。直接会って話をする中で、「屋上防水の前にさび止めを塗らないといけないので、この後行って作業をしてきますよ。ついでに木の剪定もしておきますね」と提案がありました。

このとき再び、この人を信じてみようという気持ちになりました。

ところが、11月下旬になり、作業が終わったかフォローアップしたところ、雨の日が多かったので防水工事をするには適切でないとの言い訳です。

12月に入って何度か電話をすると、とうとう連絡がつかなくなりました。メールの返信もありません。結局、防水工事はしてもらえませんでした。

＊　＊　＊

仲介業者は仲介料が大きな収入になるため、契約まではまめに動いてくれます。しかし、契約が終わり仲介料を支払うと、それで仕事は終わりと考える業者もいるのは確かです。ひとつの大きな案件がかたづくと、その会社をやめる担当者もいます。ある業者にいたっては、店までも閉じます。

物件決裁前に依頼したことは、できるだけ早く実行してもらい、今回の私のように引渡後も宿題が残っている場合には、その内容を文書として残し、仲介料の一部をその約束が終わった後に支払う、という契約にするといいと思います。私自身も、そうすればよかったと今になって反省しています。

たかちゃん（所有棟数　2棟）

#3

最後の最後まで油断は禁物

【銀行融資にまつわる失敗・教訓・回避策】

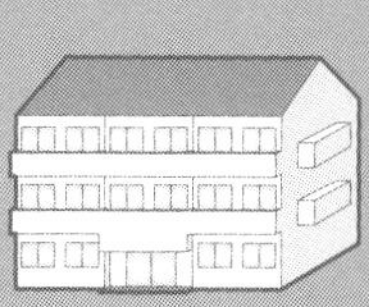

09

契約後に融資がNG。銀行の融資基準を事前に調べておくべきだった！

某サラリーマン大家の会に参加していた私は、エネルギッシュな仲間たちに触発され、インターネットを使って積極的に物件を物色していました。良い収益不動産業者を見つけると、業者訪問に出かけ、コネクションを築いていました。

2011年4月、北関東の某都市にあるRCファミリー物件の紹介を受けました。物件価格1億3500万円、満室想定表面利回り16％強、土地面積は1600㎡強。積算評価も収益評価も物件価格を余裕で上回るすごい物件でした。

当時、神奈川県に住んでいた私は、週末を待って、喜び勇んで現地へ向かいました。築年数は24年を経過しているものの建物はしっかりしています。

不動産投資の本に紹介されている手法に倣《なら》って、付近に同等の物件を見つけ出し、入居状況を確認しました。すると、周囲には空室がやや多いことがわかりました。

次に、数社の賃貸仲介不動産業者にヒアリングを行いました。

＊レントロール：貸借条件一覧表のことで、賃借条件や賃借人の条件を読むことができる。ビルやマンションやアパートを一棟買いする際はその物件の質を見定める基準となるもの。

◆地域の賃貸需要はどうか?
◆レントロールの募集金額は適切か?
◆空室がいくつかあるが、満室にならない原因は何か?
◆満室にするにはどのような対策を講じるべきか?

その結果、その物件の徒歩圏に大型のショッピングセンターができたこと、幼稚園、小学校、中学校も徒歩圏内に位置していること、車で20分以内の場所に工業団地、病院、市役所などが多く、賃貸需要がしっかりしていそうなこと等がわかりました。

最寄駅から徒歩20分以上の距離がありますが、この地域の人は自動車で移動するとのことで、問題はなさそうです。また、この辺りのファミリー物件では、一戸あたり2台分の駐車場が必要ということでした。この物件は1戸あたり1・5台分しかなかったのですが、近隣で借りられる駐車場がありそうなこともわかりました。

付近は静かな住宅地で、ファミリー物件としては必要条件を満たしていそうです。

総合的に見て、この物件は「買い」だ…と判断した私は、帰宅後、すぐに買付書に記入して不動産業者にFAXしました。そして、不動産業者経由でお付き合いのある金融機関に融資審査を依頼しました。

数日後、業者から売主さんのOKが出たと連絡がありました。加えて、金融機関の営業担当者から、「融資はまず間違いなく通るでしょう」の連絡をもらい、大喜びしていました。

不動産業者からは「それでは契約の手続きを進めましょうか？　金消契約に先立って、売買契約はどうしますか？」との連絡をもらいました。

この時点で、金融機関からの正式な融資審査は下りていなかったものの、金融機関融資担当者からの「融資は大丈夫でしょう」との言葉を信じて、手付金150万円を指定口座に振り込み、融資特約付きで売買契約を締結しました。

ところが、1週間後、不動産業者からショックな連絡が入りました。

「金融機関本社取締役の現地調査が入り、融資が下りなくなりました」

えっ、ええええーーーーー!!

なんてことだ。手付金も振り込み、売買契約も締結したというのに、融資が下りない。本社の決定事項なので、支店の営業担当がどうがんばろうが、覆《くつがえ》りそうにはありません。

仕方がないので、手当たり次第に他の地銀、信金などに物件を持ち込みましたが、ケンモホロロ状態で融資を調達することはできませんでした。

融資却下の理由は、物件の所在地が、関東圏ではあるものの、私の住民票所在地とも金融機関の融資エリアとも、かけ離れていたためでした。

＊　＊　＊

このときに初めて、金融機関の融資方針が重要であることを実感しました。融資が受けられなければ、私のようなサラリーマン大家の卵が収益物件を手に入れることはできません。このことがあってからは、各金融機関の融資エリアや姿勢を抑えながら、物件を探しています。

金融機関によっては居住地に支店があり、物件所在地にも支店がある場合は、遠隔地でも融資をするところもあります。信用金庫は地元密着が基本ですが、関西圏のある信金は福岡の物件でも融資します。

難しいのは同じ金融機関でも担当者によって、不動産投資への理解や本社審査部への影響力が違い、融資の可否が変わることです。そんなスーパー担当者が見つかったときは、メンバーズのみんなに情報をシェアしています。

それから、今でもフルローンを出す金融機関もありますよ！

プレイヤーズ親衛隊長（所有　3棟）

10

「話が違う！」銀行員の身勝手さに連帯保証人が激怒。大事な会話はすべて録音しておくべきだった！

私の失敗談、それは銀行との金銭消費貸借契約（以下、金消契約）、つまり、物件を購入するために銀行からお金を借りる契約の場で、連帯保証人である妻を大激怒させてしまい、危うく契約が流れるというピンチを招いたことです。

しかも、諸々の事情から融資特約をつけずに契約していたので、金消契約が流れてしまえば、別の融資先を探さなければならず、それが見つからなければ違約金を払うしかないという状況でした。

違約金は1500万円。今までの人生の中で、あれほど追い詰められた経験はありませんでした。

私が不動産投資を知ったのは、2010年の夏頃でした。

会社の業績低迷が続き、夏冬のボーナスと残業代がカットされたところに、共働きだった妻が体調不良で長期休職するという事態が重なりました。その結果、家計収入が60%もダウンするという状況に陥りました。

妻の看病をしながら1年が過ぎたころ、「このままでは給与まで減らされかねない。最悪、会社が倒産して無収入になる可能性もある。収入源を複数もっておかないと、これから先は危険だ」と思い立ち、サラリーマンが副収入を得る手段をあれこれと探し始めました。そこで、不動産投資の存在を知ったのです。

これは検討の余地あり、と親友に相談してみたところ、偶然、親友も不動産投資の勉強をしているところでした。

彼は「不動産投資には色々な手法がある。最低限の知識がないとダマされるし、バカにされて相手にしてもらえないぞ」と言います。そして、「これを読んで勉強しろ」と有名なサラリーマン大家さんが書いた不動産投資に関する本を紹介してくれました。

本の基本的な内容は、「家賃収入が見込めるアパート・マンションを、銀行融資を使うことで購入し、レバレッジをかけて投資していく」というものです。

しかし、この投資を実践するためには、私には大きな壁がありました（恐らく私以外にも多数の方が悩まれていることと思いますが）。それは、銀行融資を受ける際に、妻に連帯保証人になってもらわなければならない、ということです。

少しずつ快方に向かっている妻に、勇気をもって、しかし慎重に不動産投資にチャレンジしたい気持ちを伝えました。

最初は取り合ってくれませんでした。

私が本気であると知るにつれ、「そんな借金は絶対許さない！　そんなことをするんなら離婚する！」と猛烈な反応が返ってくるようになりました。

しかし、「思考は現実化する、諦めなければ必ず実現できる」が信条の私は、「妻は絶対に最後は賛成して連帯保証人になってくれる」と毎日、念仏のように唱えながら、物件探しをスタートしたのです。

それから1年半が経ちました。その間、妻は「色々考えたけど不動産投資、応援するよ」「やっぱりイヤ」「応援する」「やっぱりダメ」を5回ほど繰り返しました。

銀行に融資打診をしている最中に、ハシゴを外されたこともあります（妻の名誉のために言っておくと、彼女は決して気まぐれで意見を翻《ひるがえ》していたわけではなく、応援してあげたいけどコワイという感情の狭間で苦しんでいたのです）。

それでも粘り強く説明し、将来を語り、なんとか腹をくくってくれた頃に、一棟目となる物件と出会いました。

その物件情報は、不動産屋さんから毎日のように届く情報メールの中にサラッと紛れて送られてきました。見た瞬間「これだ！」と思いました。

勤務中でしたが、情報を送ってくれた不動産屋さんに電話して、内見のアポを入れました。現地に行くと、物件の状態は予想以上に良く、買付を入れるのに値すると判断しました。

買付を入れたら、次は複数の金融機関に融資依頼を持ち込みます。2週間ほどで、そのうちの1行から内諾が出ました。

その銀行とは最初の面談のときに、「融資額は1億5000万円ですが、1億円分についてはご本人が団体信用生命保険に入られるので（私が団信を希望しました）連帯保証人は立てていただかなくて結構です。残りの5000万円については奥様の連帯保証人を立てていただく必要があります」と説明を受けていました。

私は「これは妻に話しやすい。いい物件だし、うまく話を進めてぜひ購入したい」と思いました。

その後、妻にも物件を見てもらったのですが、「このマンションいいね」と言ってくれ、更に気持ちが強くなりました。

それからも紆余曲折はありましたが、なんとか無事に売買契約を終え、金消契約を迎えることとなります。

契約は、とても和やかな雰囲気で始まりました。しかし、出された契約書をよく見ると融資額の全額に連帯保証人を立てる内容になっていたのです。横を見ると妻は絶句しています。

私も一瞬動揺しましたが、冷静に対応しなければと自分を諭し、「融資依頼を出した最初の面談のときに、連帯保証人を立てるのは団信がつかない5000万円分だけだと言いましたよね」と確認しました。

すると、担当者は言葉につまりながらも、「いや、これは、もうカタチだけだと言っては失礼な言い方かも知れませんが、ハンコを押すだけと言えばそうなので、もう押して欲しいんですよね」と答えました。

ここまでの1年半、不動産投資の活動の半分は、妻の説得に費やしたと言っても過言ではありませんでしたから、その苦労が音を立てて崩れていきました。

この時はさすがに、こめかみの血管が怒りで浮き出てくるのがわかりました。

「なるほど、では妻の代わりにアナタが連帯保証人の印鑑を押して下さいよ」という言葉が喉まで出かかりましたが、同時に冷静なもう一人の自分は「これはもう条件を飲むか、契約を流すかのどちらかしかないだろうな」と考えていました。

銀行員たちに部屋をいったん出てもらい、妻に頭を下げました。「絶対にこの債務から俺は逃げないし、迷惑がかからないように最大限の努力をするから、ハンコを押してくれ」と。

妻は今までに見たこともないような形相《ぎょうそう》をしていましたが、「わかった。押すよ」と短い返事で了承してくれました（本当は納得してくれたわけではなく、他に選択肢がないことは妻もわかっていたので、妻にとっては究極に仕方なく了承した、ということだったのですが……）。

その後は、我々も銀行側も表面的には和やかに契約手続きを終了しましたが、家に帰ってからは地獄のような日々が待っていました。これについては割愛させていただきますが、なんとか離婚の危機を脱して、今では関係を修復できています。

あの時に、あんな理不尽な流れの中で、実印を押してくれた妻には本当に感謝しています。

＊　＊　＊

後日、元銀行員で支店長や審査部・管理部などを歴任された方に、この件について話をしてみました。すると、審査の段階で「この案件は全額に連帯保証を打て。どうせイヤとは言えないだろうし、5000万円も1億5000万円もハンコ押すのは同じだろう」と担当者に指示が降り、担当者もそれをさほど重要なこととは思わずに実行したのでしょう、とのことでした。

私が、「今度からは、融資に関する書類に条件をキチンと書いてもらわなければ」と言うと、その方は「銀行マンはそんなことを文書では絶対残しませんよ。銀行との面談では必ず録音しておいたほうがいいですよ」と言っていました。次からはそうしたいと思います。

ただ、録音して言質をとっていたとしても、今回の件は簡単に解決できる内容ではなかったと思います。銀行員が何を約束したとしても、あらゆる可能性を想定して準備を行い、これからも事に当たろうと思います。

銀行とはどういう思考回路をもった存在なのかということがよくわかった出来事でした。

塚の番人（所有棟数　1棟）

11

売主を巻き込み融資に不利な「未登記」物件を「登記」物件に！最後まであきらめずに行動してよかった！

私が不動産投資を始めたのは今から数年前のことです。小心者でしたので、初めは区分所有の物件を購入しようと考えました。同時に、少しでもキャッシュフローを上げるために、競売の勉強を始めました。

最初は自宅、次はＪＲ神戸駅近くの４階建てマンションの最上階の部屋（利回り28％）、そして、宝塚市内の1階店舗（利回り38％）を購入できました。

14回の入札に対し、3回の落札。我ながら、落札率の素晴らしさに驚きます。

しかし、競売のあとはお金がなくなりました。自宅は保証金の2割以外は、住宅ローンでまかなえたので助かりましたが、区分マンションや区分店舗はキャッシュで購入していたため、懐は寒くなる一方でした。

そこで、フルローンで購入する1棟買いへと、方向転換しました。

その結果、3年あまりで8棟・260室（区分を合わせて262室）を取得しました。

家賃収入1億4600万円（満室時）から6600万円（ローン）を引いても、7000万円が残ります。少し、金持ち父さんの仲間入りが出来るようになりました。

7棟目を購入したときの出来事です。その建物はRC造で平成築、表面利回りは12・7％あり、大阪市内の人気の場所に位置します。

不動産屋から紹介を受けたので、ヒマそうな友人を誘って物件を見に行きました。外観はタイル張りでオシャレな印象でした。少し古い気はしましたが、大阪市内の人気スポットですし、良い物件でしたので、さっそく買付を入れました。

翌日の朝、不動産屋に頼んで物件資料をもらい、その足でM銀行に提出、融資を依頼しました。約1週間後、銀行の担当者から電話がありました。

「Aさん、この物件少し図面と違いますね」

ん？？？　何が違うのか聞いてみると、

「一部未登記物件で、1階と6階を増築されています。未登記ですと抵当権設定ができないので、融資は難しいですね」

と言います。

紹介してもらった不動産屋にその話をすると、

「未登記物件は仕方ないですね～」

という反応。

私は心の中で、「えぇ～、あきらめるの～？」と不満が残りました。

なんだか、余計に物件が欲しくなってきました。表面利回りもそこそこありますし、近隣の物件調査をしても、十分に満室経営が見込める物件です。

しかし、最初の不動産屋はあきらめてしまいました。そこで、別の不動産屋に仲介してもらい、銀行に当たっては断られる、ということを繰り返しました。

＊　＊　＊

あきらめるのが嫌いな私は、物件所有者に連絡をとり、未登記物件を測量して表示登記を実施してもらいました。もちろん現所有者の費用負担です。相手も売りたいわけですから、この依頼に対応してくれました。その結果、7月にようやく購入できました。

不動産屋が変わること3社、銀行は6行目で何とか融資がおりました。その物件は今、満室経営しています。

＊　＊　＊

約7カ月間かかりましたが、念願が叶って、この物件は自分のものになりました。あきらめずにがんばれば必ず買えるということを実感しました。

A（所有物件　8棟+区分2戸）

#4

うっかりミスは許されません!

【契約・引渡にまつわる失敗・教訓・回避策】

12

500万円の手付金を搾取されかける大ピンチ！融資特約付契約の内容を細部まで確認するべきだった！

不動産投資を始めたのは、2010年です。当時は不動産会社に勤務するサラリーマンでしたので、不動産売買のことはある程度はわかっているつもりでした。ただ、会社ではもっぱら売る側の仕事で、買う側とは逆の立場であるため、購入の際の注意点は、あまり理解していませんでした。

不動産会社と一口に言っても、様々な社風があります。私の勤務先は良心的な商売をしており、そのため、私には悪徳会社に対する予備知識もなければ警戒心もありませんでした。

それが原因で、不動産会社のサラリーマンとしては、恥ずかしい失敗をしました。悪徳業者に500万円の手付金を搾取《さくしゅ》されたのです。

契約には、融資特約付きと、融資特約なしの2種類があります。ご存知の方も多いと思いますが、融資特約付きの場合は、期日までに契約書に記載された融資条件（指定銀行、指定金利、指定融資額、指定融資期間など）で融資の承諾が得られない場合には、支払済みの手付金が無条件に返還され、契約は白紙になります。

サラリーマンは、億単位の不動産融資が通るのか、事前にはわからないので、通常は融資特約付きの契約になります。

一方、宅建業者が購入する場合などは、融資特約なしでの契約になります。利回りがよい足の早い物件や、何としても購入したい物件の場合、交渉の優先権を得るために融資特約なしで契約をすることもあります。

その場合、決済日までに融資が付かなかった場合や、購入資金を現金で用意することができなかった場合は、手付金は没収され返還されません(手付流しや手付放棄と同じ)。

実は、私もいままで一度だけ融資特約なしで契約したことがあります。というのは、契約をする前までに銀行に融資申し込みを済ませ、銀行から事前に融資の承認を取り付けていたからです。

しかし、通常、融資審査は3週間から1ヶ月程度かかるため、売主はそんな悠長に契約を待ってくれません。ですので、あらかじめ銀行に自分の属性評価を実施してもらい、その銀行の評価基準に当てはまる物件を打診して、素早く結果がでるように準備をしておく必要があります。

このような努力を積み重ねることで、融資特約なしのライバルにも、場合によってはスピードで勝てる場合があります。

さて、本題に戻りますと、売買の仲介業者は、セオリー通り、融資特約付きの契約を薦めてきました。利回りの高い物件で、ぜひ購入したいと思ったため、手付金を多く積んで500万円で契約をしました。

事前に相談をしていた銀行があったため、融資は大丈夫だろうと楽観視していました。ところが、審査が難航し、結局、融資希望額から2割ほど減額されてしまいました。そのため、融資を断るしかありませんでした。

その時点で、契約から2ヶ月程経過していました。契約書上の融資特約の期限は1ヶ月前に切れていましたが、仲介業者に口約束で融資特約の期限延長をお願いしていたため、特段気にしていませんでした。

ところが、融資NGの結果を仲介業者に伝えますと、態度が豹変し、契約書通り、融資特約が期限切れになっているため、手付金500万円は返せないと言ってきました。私は真っ青になりました。500万円は大金です。

実は、手付金の500万円は、妻から借用したお金だったため、このまま取り戻すことができなければ、大変なことになります。最悪、妻からの信用がなくなり、離婚ということにもなりかねません。背筋が凍りつく思いでした。

そこで、10年前に知り合った弁護士に相談することにしました。相談料1時間で2万円を支払いましたが、その弁護士は不動産に詳しくなかったため、私の不注意を指摘した上、手付金を取り戻すことは難しいということで、この案件の対応を断わってきました。

＊　＊　＊

不動産会社に勤めていながら不動産トラブルに巻き込まれるという恥ずかしい状況でしたの

で、会社の同僚にも相談できずにいました。懇意にしている不動産会社の社長さんに相談したところ、そこの顧問弁護士を紹介していただけることになりました。不動産に詳しい弁護士で、しかも、1回目の相談料は無料です。藁《わら》をもつかむ思いで早速、相談に行きました。

相談に行く前に、自分でできることはないかと考え、相手方にプレッシャーを与えるために、内容証明郵便を発送しましたが、相手側からの連絡はまったくありません。

弁護士からは、調停や裁判に持ち込む前に、保証協会に相談することが第一ステップですとご指摘いただきました。

その仲介業者は宅建協会に加盟していましたので、当該協会の紛争処理窓口になっている全国宅地建物取引業保証協会に紛争の申し立てをしました。

融資特約の期限延長の口約束があったこと、融資特約期限切れ時点で、融資が通らなければ手付金放棄になるという（通常は手付金返還となる）重大事項についての説明がなかったため、これは重要事項説明違反になるという内容です。

宅建業法に抵触していれば、保証協会からの除名処分もありえますので、仲介業者は、保証協会の指導に素直に従う可能性が高いと踏みました。

早速、保証協会の担当者から連絡があり、後日、仲介業者を呼び出し、事情聴取をするということでした。事情聴取後、すぐに仲介業者からおわびの電話がありました。仲介業者はコロッと、180度態度を変えました。

その後、1ヶ月後に無事全額手付金を取り返すことができました。本当に生きた心地がしませんでした。

＊　＊　＊

融資特約付契約を結ぶ際は、融資申込期日、融資特約による契約解除期限、手付放棄による契約解除日の日付をチェックし、そしてその日が経過したらどうなるのかの条文の確認が必要です。契約書によって、融資承認が下りない場合、自動的に契約解除になる場合と、買主が意思表示を示さないと契約解除にならない場合があるので、注意が必要です。

また、これらの日付が変更になる場合、口頭で済ますのではなく、契約のまきなおし、もしくは変更の覚書を書面にて残すようにしていこうと思います。

H・Z（所有棟数　5棟）

13 フルローンならなんでもいいわけじゃない！ 融資特約の書類には、期間や金利も記載しておくべきだった！

平成23年8月、平成元年築RC5階建、1R×18戸、店舗3戸の物件を購入しました。その時、大変怖～い体験をしました。

買付は一番手で、すぐに銀行に融資の依頼をしました。当初、某都市銀行にお願いすると、大変感触が良く、すぐにでも内諾が取れそうな勢いでした。提示条件は融資期間20年、金利はなんと1.45%です。

仲介業者は「売買契約を結びませんか？　横取りされることを考慮すると、早く進めた方がいいですよ。融資特約付きで、特約解除期限も問題ないのでいかがですか？」と強くすすめてきました。

融資特約も付いているから進めても大丈夫だろう！　と考え、手付金500万円を支払い、売買契約をしました。

その数日後、某都市銀行の担当者から電話がありました。

銀行「越境箇所がありますね。違法物件になりますので、このままでは融資できません」

私「えっ⁉　そうなんですか？　残念です」

この銀行は、諦めることになりました。

早速、仲介業者に連絡し、そのことを伝えると、

「御安心ください！　弊社が何とかします！」

と、心強い言葉が返ってきました。

あきらめかけた心に一筋の光明が見えました。

数日後、業者から連絡が来ました。
業者「フルローンOK出ました！」
私「さすがですね〜。じゃあ、ボク買えるんですね！」
業者「買えますよ！」
私「融資期間と金利は？」
業者「融資期間18年」
私「ん？」
業者「金利4.0％」
私「ん、ん、ん？　そんなんじゃ、全然キャッシュ残らんやん……。お断りします！」

業者「えー、そうなんですか？　では、手付金の500万円はお返しできませんよ」
私「何で？　融資特約付けてますやん‼」
業者「確かに契約書には融資特約付いています。しかし、購入価格と融資特約以外の条件は書いてないですよね？　その場合、手付金は基本お返しできないんです」
私「はめられた！」
いいえ、私が無知だったんです。確かに、法律上は業者の言う通りで、手付金は戻ってきません。
その後、必死で金融機関をまわり、某地方銀行で融資が付いたため、手付金を無駄にせずに済みました。条件は融資期間20年、金利1.775％でした。

＊　＊　＊

H・Zさんの事例にもありますが、融資特約が付いているからといって安心するのではなく、売買契約書には最低限、次の項目を明記することにしました。
①銀行名　②金利　③融資金額　④融資期間
高い金利の融資が付いても、キャシュが残らないのでは意味がありませんので、非常に重要なことだと思います。

まゆけん（所有棟数　2棟）

14 駐車場の土地の持ち主を知らず、後悔するハメに…。隣接地の謄本もきちんと確認しておけばよかった！

私が初めて1棟物件を取得したときの失敗談です。

不動産投資を志してから、物件を取得するまでに1年以上かかってしまいました。元々、自分の属性などを考えれば、いきなりRCの1棟ものを購入するのは、本来であればかなり厳しい話です。それを実行しようとしていたわけですから、時間がかかるのは仕方ありませんでした。

ただ、そうはいっても早く欲しい気持ちがあったのは言うまでもありません。失敗は、その気持ちゆえに、買い急いだことが原因でした。

今回、私が購入できたのは、駐車場つきの単身者向けの物件です。積算評価はそれほど高くありませんが、銀行評価が出たので、購入を決めました。ただ、時期的な要因もあり、決済を急いでいたため、買付けを出してから決済までの期間は短かめでした。

もちろん、買い急いでいたとはいえ、物件はきちんと確認していました。外装も売主さんがきれいにしてくれていたので、見た目もよく、特に手をかける必要はありませんでした。

ひとつだけ、駐車場の敷地が歪んでいた点が気になりましたが、部屋数分の番号が駐車場に付いていたこともあり、大きな問題とは思っていませんでした。


買付けも通り、融資の内諾も出そうという話になった頃、仲介業者さんから敷地の境界線のことで電話がかかってきました。購入後に境界線で揉《も》めるのを避けるために、確認をしてもらえるよう依頼していました。電話はその件についての報告でしたが、ここでちょっと奇妙な話になってきました。

実は駐車場の一部が、他人の土地だったというのです。敷地の一部に、他の場所と色が違う部分がありましたが、そこにも部屋の番号が振ってあったため、こちらはそこも売買の範囲だと思っていました。

しかし、売主側の業者さんの話だと、そこは他人の土地で、今回の売買とは関係ない場所とのこと。確かに、物件概要書を見直してみると、駐車場の台数が部屋数より少なく記載してありました。

他人様の土地を今回の売買に絡めるわけにはいきません。しかし、境界線という意味では特に大きな支障がなさそうだったため、そのまま購入することにしました。買える物件をわざわざ見逃す方がありえないという判断でした。

銀行もその点は問題視しなかった様子で、そのまま融資が通ることになりました。もともと、その土地がなくても道路付け自体は問題がなかったですし、その土地がそれほど大きくはなかったというのも大きかったかと思います。

融資が確定したことで、売主さんとの売買契約を結んだ後、融資の金銭消費貸借契約を結びましたが、その後に問題が起こりました。

なんとなんと、実は他人の土地と聞いていた三角地が売主の土地だったのです。

詳しく聞いたところ、どうやら売買価格を低くするため、その土地を含めないで売買したということです。

はじめからその土地は分筆地だったため、境界線の問題はありません。ただ、問題だったのは、その土地の一部を実際には現在の入居者さんが駐車場として使っており、その駐車場代もレントロールに含まれていたことでした。

売主に悪意があったということではなく、純粋に値段を下げるためという理由でしたが、売主側の業者さんが適当なことを言ったため、おかしな話になってしまいました。

また、その後、そもそものレントロールの家賃が間違っていたという事実も発覚。結局、想定していた利回りから落ちる形で、購入する羽目になってしまいました。

さすがに、レントロールに含まれていた駐車場代については、今の入居者が退去するまで売主側の業者が肩代わりして私に補償することとなりましたが、何とも後味の悪い形となってしまいました。

＊　＊　＊

私はお世話になった仲介業者さんを全面的に信頼していましたし、私のためにがんばってくれていたのも十分知っていますので、特に恨んだりということはありません。ただ、もう少し自分が注意しておくべきだったと思っています。

購入側の業者がきちんとしていても、売り主側の業者がそうとは限りません。それでも、売り主側から流される情報に、こちらも影響を受けることになってしまいます。

利回りは少し落ちましたが、それでもキャッシュフローは出ておりますので、購入できたこと自体は満足しています。初めから何でもうまくいくわけありませんからね。ただ、何事も焦って行動すると必ずボロが出るということを学びました。

できれば、将来的にはその分筆地も購入したいと考えています。今後は境界線の調査では、隣接地の謄本をきっちりと取って、権利関係を調べてから購入しないと駄目だと痛感しました。

BALENTINO（所有棟数　1棟）

15 買えなくてよかった!? 幻の満室キャッシュフロー1980万円物件。

中京地区の地方都市にある大型マンションに買付を入れたときの話です。単身向け（学生向け?）ワンルームで、部屋数が50戸あり、年間の満室キャッシュフローは980万円になる物件でした。

買いたい。ぜひとも欲しい。これを買って、サラリーマンリタイアに近づきたい！と心が躍りました。しかし、買付は2番手。期待が大きかっただけに、何とも言えない空しい数日間を過ごしました。だが、奇跡は起きたのです。一番手の人に融資がつかなかったため、私にチャンスがまわってきたのです。そこからはまさに、分刻みのスケジュールで話が進みました。

こちとら、サラリーマンです。平日に何回も地方へ行かなければならないとなると、仕事の段取りが変わってきてしまいます。

目が回るような忙しさ。しかし、何があってもがんばれます。なんてったって、キャッシュフロー980万円の物件が自分のものになるのですから。夜は寝る間を惜しんで、学生向けマンションの満室ノウハウを勉強しました。ＩＫＥＡのカタログを枕にして、朝を迎える日が続きました。

そして契約の日。会社を休み、東京から名古屋へと向かいました。地元で高級和菓子を用意し、先方への手土産としました（このあと、新幹線の中にこの手土産を置き忘れてしまい、名古屋駅前で急きょ別の手土産を購入したのですが……）。

準備万端、キャッシュフロー980万円物件にわくわくする！　さあ来い！

しかし、ありえないことが起こりました。売主が来ない。ドタキャンされたのです。

売主は老婦人で「今日は体調がすぐれないから」などとのたまったそうです。しかし、体調がすぐれないなんて、ウソ。手放すのが惜しくなってごねているのです。

前にも一度、契約を流したことがあると、売り側の不動産屋が言っていました。なんてこった！　せっかく手土産まで買ってきたのに……。こっちは、時間とお金と夢をかけてやってきたんだ！　ドタキャンだなんて、何を考えているんだ！（↑心の声）

しかし、ここで怒っても仕方ありません。私（買い側）の判だけを書類に押印し、「持ち回り契約」ということで、売り側の不動産屋に書類と手土産を預けてきました。

老婦人のご機嫌よろしいタイミングで押印していただき、書類を作成するとのことでした。もう、任せるしかありません。

帰路の新幹線は、異常に疲れました。

それから一週間。信じられない電話が買い側の不動産屋から入りました。

「融資が出なくなりました……」

聞けば、昨日までは融資OKのエリアだったが、融資銀行上層部の会議で融資対象エリアから外れたというのだ。私の心はパニック状態でした。

平静を装って「わかりました。またよろしくお願いします」と電話を切りましたが、あまりのショックでその後数日間の記憶が、全くありません。

＊　＊　＊

それから数日。やっと我に返り、一連の出来事を回想してみました。

そこで思ったのは、「私はツイてる！」ということです。冷静になって考えてみると、（将来的に）銀行から融資が出ないエリアで、大型物件を買うことは大きなリスクです。

もしもあの時、老婦人のご機嫌が上々で、あの物件を購入していたらどうなったでしょうか？

目先のキャッシュフローはもちろん魅力的です。しかし、あのまま買っていれば、出口が見えない迷路に迷い込むところでした。

今回は、その迷路に入り込む直前で、ピンチから救われたのです！　助かった！　物件を購入するときはどうしても「買う」ことにのみ意識が集中してしまいますが、出口戦略も併せて考えなければいけません。私にとって、いい教訓になったと思っています。

チャーリー（所有棟数　3棟）

16 購入後の連続退去に呆然…。賃貸借契約書の内容を細かく確認するべきだった！

平成23年7月、昭和63年築で鉄骨造り4階建の1K×22戸、店舗1戸のマンションを購入しました。購入時は住居5部屋が空室でしたが、店舗は入居しており、アンテナ設置費用代として年数十万が入りましたので、そのままでもキャッシュが残る状況でした。

建物はやや怪し気な雰囲気がありましたが、最寄り駅から徒歩10分程度で立地は申し分ありません。周辺仲介業者のヒアリングでも、特に問題ないということで買付を入れました。

売主の「決済を今月中に終えたい」という要望から、買付から決済まで3週間とスピード取引でした。あっという間に、めでたく1棟マンションのオーナーになれました。

しかし、この後が大変でした。まず、空室5戸のリフォームがされていないことが判明し、改装に着手しました。和室を洋室に変更し、デザインクロスを入れた結果、思った以上の部屋に仕上がりました。そして、これから募集だ！　というタイミングで、6戸の退去がありました。売主に、まんまとやられたのです。

購入時の5戸と併せると、合計11戸の空室となり、住居部分の半分が空き状態になりました。突然退去した6戸の内部を見ると、ほとんどの部屋で改装が必要です。これらの部屋の改装も考えましたが、まずはリフォーム済みの5戸の反応を見てから決めることにしました。

しかし、なかなか入居が決まりません。そこで管理会社に「何とか早く埋めたいのですが…」と相談すると、「広告料を上げましょう！　2ヶ月から3ヶ月で！」という返事。「これで決まらなければ別の手を考えます」ということです。

広告料を上げた直後、2部屋が決まりましたが、その後が続きません。改装費+広告費は家賃9ヶ月分に相当しますので、懐に響きます。

そして、あっという間に購入から3ヶ月が経過しました。管理会社は、「初期費用をオーナー負担にして、入居者の負担なしでいきましょう！」と提案してきました。

「そこまでしないと決まりませんか？」と聞くと、「今、この地域だけでなく全体的に動きがないんです」という答えです。私は、「わかりました。何とか満室にしてくださいね！」とその提案を受け入れました。

この提案で、3部屋が決まりました。この3戸の場合、改装費+広告費+初期費用で、家賃の1年分に相当します。

残りの空室が埋まらないまま、4ヶ月が経過しました。改装済の部屋がすべて埋まったため、残りの6戸のリフォームに着手しました。その矢先に、業者から電話が入りました。

業者「雨漏りしています。屋上ではなく壁からですねー」
私「えっ!?　マジ??　どうなるの？　どうしないとダメなの？」
もうパニック状態です。
業者「このまま放置すると建物が水分を吸収してボロボロになります。早めに防水工事することをお薦めします」
私「わかりました。大規模修繕やって下さい……」
購入から10ヶ月、無事に大規模修繕も内装工事も終え、現在は満室になりました。なお、雨漏りに関しては現在、瑕疵として売主と交渉しています。

＊　＊　＊

今回の失敗を今後に生かしていきたいと思います。

まず、物件購入の際には売主・買主・仲介業者の三者立会で物件を確認していきます。空室はすべて確認しリフォーム状況を調べます。未リフォームの場合、引渡条件として交渉します。

同様に、部屋のクリーニング状態を確認し、これも引渡条件に含めます。空室で長期間放置されている部屋はほとんどと言っていいほど再クリーニングが必要です。交渉の結果、認められなくても、自分で確認しているので騙された感はなくなります。

重要なポイントは売主に立ち会わせることで、ほとんどの物件はなにかしら問題をかかえているのでこの先の交渉が必ず有利になります。

加えて、入居者との賃貸借契約書をすべて確認し、売主が無理やり入居させ入居率を高めていないかチェックが必要です。特に入居日が直近で集中していないか、同一の連帯保証人がいるか、契約者の筆跡が似ていないかなど特に注意が必要です。

また、瑕疵の発生に備えて、建物の基礎、屋上、共用部、外観を手当たり次第に撮影し、現場で気づかなかった部分を後日しっかり検証できるようにします。目安は1物件あたり写真100枚程度です。

まゆけん(所有棟数　2棟)

#5

トラブルはいつも突然にやってくる

【建物・設備に関する失敗・教訓・回避策】

17 安さに目を奪われて日の当たらない部屋を購入。買う前に入居者目線での「住みやすさ」を考えるべきだった…。

私がその区分マンションを初めて見たのは、とある仲介業者さんのウェブサイト上でした。築年数や立地から考えると、平凡な価格付けだったため、そのときは気にも留めていませんでした。

その後、その物件情報の価格が徐々に下がってきていることに気付きました。2ヶ月ほど経つと、価格は当初の2割以上下がり、購入検討に値するレベルになっています。そこで仲介業者さんに問い合わせを入れ、そのまま購入しました。

この物件は市街地に建つマンションの一室で、間取りは3LDKのファミリータイプです。売り主は業者さんだったのですが、物件は投資用ではなく、マイホームを探している人たちに向けて売りに出されたものでした。

決済を終えた私は、早速その足で賃貸仲介会社を回って賃貸付けをお願いしました。ところが、どの担当さんも反応が今ひとつです。理由を聞いてみると「ファミリータイプなのに日当りがほとんどない」といいます。

実はこの物件、両隣と後方が別のマンションに囲まれていました。その上、購入した部屋が1階奥部分だったため、日中でもほとんど日当りが届かない暗闇部屋となっていたのです。

＊　＊　＊

事の重大さに気付いた私は、早速、対応策の検討を開始しました。

ファミリータイプの部屋が選ばれる際、ポイントとなるのはやはり奥様のご意見です。しかし、どう考えても一日中薄暗い部屋を好んで選ぶ奥様がいるはずはありません。照明をたくさん設置して明々と照らすことも考えましたが、昼の内見では逆に日当りがないことを自らアピールしているようなものです。

いろいろと検討して最終的に行き着いたのは「どうせ暗いなら、暗いまま雰囲気を出すように工夫すればいい」という案でした。

子供のいるファミリー世帯ではなく、日中は外で働いていて、夜帰ってきてから落ち着いた雰囲気で過ごしたいカップルやDINKSをターゲットにすることにしました。

部屋としては、センスの良さそうな間接照明を効果的に使うことで、あえて明るさを抑えて落ち着きのある空間を演出しました。また内覧を想定して、すべての照明は明るさを調整した上でスイッチをオンにしておき、ブレーカーを上げたとたんに一斉《いっせい》に点灯するように工夫しました。

部屋の演出を終えると、間もなくして入居者さんが無事見つかりました。入居者さんは社会人の若い姉妹ということでした。カップルではありませんでしたが、子育て世代のファミリーからターゲットを外した戦略は見事功を奏し、ほっとしています。

＊　＊　＊

ファミリータイプの物件で、日当りが重要なポイントであることは、ちょっと冷静に考えれば分かることです。どうしても投資指標の数字にばかり目が行きがちになりますが、一度は「入居者の目線」で購入対象の物件を見ることが重要です。

また、一見マイナスポイントに見える条件も、発想を転換してプラスに変えることもできるかもしれません。柔軟な発想で、今一度ご自身の物件の短所や長所について考えてみてはいかがでしょうか。

ノリ（所有棟数　1棟）

18

給水ポンプの故障で100万円の大出費。定期点検を怠った自分がバカでした…。

ある日の夜の11時過ぎ、そろそろ就寝というタイミングで、自宅に電話がかかってきました。こんな時間になんだろう？　と思いながら出てみたところ、所有している物件の入居者さんからの電話でした。

何事かと思って話を聞くと、突然、水道が使えなくなったとのこと。その部屋だけではなく他の部屋も同じ状況で、どうやら建物全体で水道が使えなくなっているのでは？　ということでした。管理会社さんの営業時間はとっくに終わっていて連絡がつかないため、大家である私に直接連絡をしてきたのです。

水道が使えなくなると、本当に困ります。料理をするにも不便ですし、お風呂にも入れなくなりますし、トイレを流すこともできなくなります。

電気やガスも生活に不可欠なものですが、滞納をすれば止められます。しかし、水道は使用料金を滞納していたとしても、かなりの間、使用できます。このことからも、水道がいかに生活に不可欠ということかわかると思います。

すぐにインターネットで緊急時に対応してくれる業者さんを探し、現場に行ってもらいました。その結果、給水ポンプが作動しておらず、そのためにマンション全体の水道が使用できなくなったということがわかりました。

このような故障に対応するために、もともと給水ポンプにはモーターが2つ付いています。1つが故障しても予備のもう1つが作動すれば問題は起こりません。

ところが今回は、先に1つのモーターが故障していたことに気づかずにいたため、2つとも動かなくなり、入居者さんに迷惑をかけることになりました。

本来なら定期検査で問題がないかチェックし、このような事態を防ぐべきところです。大家として大いに反省しました。

業者さんには大至急で修理をお願いしたのですが、新品の給水ポンプが手元にないという理由で、完全復旧は翌日の午後になってしまいました。

＊　＊　＊

その夜はほとんど眠れないまま、翌日、始発で現場に向かいました。迷惑をかけた入居者さんに少しでも誠意を見せるべく、各部屋に3本ずつ水のペットボトルを差し入れました。

予想外に入居者の皆さんは冷静でした。水道が使えないとトイレなどは困ると思うのですが、特に不満を訴える方もおらず、逆に、早朝にやってきた私に恐縮していた方すらいました。

新しい給水ポンプへの取替え作業が行われ、午後には水道は完全復旧しました。後日、入居者さんにご迷惑をおかけして申し訳なかったと、手紙を差し上げました。

今回は私の不注意で入居者さんに迷惑をかけてしまいましたが、短時間で復旧することができたのは良かったと思います。

ただ、早急に対応するために、給水ポンプを定価で購入したことから、費用が100万円ほどかかりました。後日、改めて調べてみたところ、給水ポンプは安いところで定価の半額程度で購入が可能だったことを知りました。通常の作業費であれば総額60～70万円で収まるようです。自分の不注意が招いたとはいえ、この出費は痛いものでした。

＊　＊　＊

この件があった後は、貯水槽点検時に給水ポンプも併せてチェックし、状態に気を配るようにしています。また、物件によっては、水道管と直結させている（水道直結増圧方式）給水ポンプが不要な物件もありますので、今後は、そのような建物を優先して購入したいと考えています。

794UGUISU（所有棟数　4棟）

19

買付前に何度か見に来ればわかったことなのに…。購入して初めて気づいた「ハト」の被害。

6階建てでワンルーム×41室という中古物件を取得しました。市街化区域の近隣商業地域で、周りにはお店や10階建てほどマンションなどがあります。

購入後すぐ、マンションの空き部屋の状況を確認しました。どの部屋も20平米ほどの広さで、ベランダがついています。ある部屋で、吐き出し窓を開けて、ベランダに出てみました。

すると、ショックなことに、ベランダはハトの糞《ふん》だらけで、泥山のように積みあがっています。その上、ハトの巣まであり、中には雛《ひな》が死んでいました。

これでは入居が決まるはずがないと思い、必死で掃除をしました。ようやく片付けが終わり、これで一件落着と思いきや、どこからともなく「くっくる〜」というハトの鳴き声が聞こえてきます。

音源を確かめるべく外を見ると、ハトが2〜3羽、中ほどの部屋のひさしに止まっています。また、別の部屋のベランダにも、先の部屋のようなハトの糞がてんこもりになっていました。今にも虫が湧いてきそうです。

この建物は、建物の中ほどがくぼみになっています。前には高い建物があるため、ハトにとっては外敵から身を守るのに都合のよい形状なのでしょう。

購入前に内覧したときは、仕事の都合で夜に行きましたが、そのときはハトのことに一切気がつきませんでした。どこかにえさでも食べに行っていたのかもしれません。

ハトは帰巣本能が強く、自分が生まれた場所に必ず戻ってくるといいます。ネットで調べたところ、まさに強敵レベルの生物でした。

＊　＊　＊

取り急ぎ、適当な業者に依頼して、ハトのよく集まるベランダにネットを貼りました。よく見かける緑のネットです。

ところが、これが大失敗。緑色が目立って汚い上、部屋の中からベランダを見たときに圧迫感があるのです。ボンドで固定しているだけだったため、ネットは時間とともにはがれ、そのうちハトがまたベランダに出入りするようになりました。

いろいろと調べた上で、最終的には鳥害対策専門業者の株式会社フジナガに依頼することにしました。黒い細いポリエチレン製の専用ネットを、建物の全階のベランダを覆うように屋上から下まで垂らしてもらいました。

外からはネットをしているのがほとんどわかりません。部屋から見ても目立たないので、圧迫間をまったく感じません。施工もきれいで、なおかつ5年間の保証がついています。

これでハトは、完全にベランダに入れなくなりました。最初から専門業者に依頼すれば空室期間が短縮でき、機会損失が抑えられたのにと反省しました。

ただ、私のマンションから追い出されたハトが、いなくなったわけではありません。屋根の上や向かいの家の出窓に留まり、すきがあれば戻ろうという姿勢をアリアリと伺わせています。長い戦いになりそうです。

この物件だけでなく、最近手に入れた別の物件でも、ハトの被害を受けていました。この物件で反省し、チェック項目を設けましたので、今回はハトがいることを知っていて購入しました。

前のオーナーは対策として緑のネットをつけていましたが、施工も汚い上に、ネットの隙間からハトが出入りしていました。

物件の引渡しを受けると早速、株式会社フジナガに依頼し、バードネットでベランダすべてを覆ってもらいました。それで糞の問題は解決しました。

ところが、ベランダに入れなくなったハトが、出窓の屋根や屋上に留まっていて、鳴き声や足音がうるさいと入居者から苦情がありました。

こちらはバードネットで覆えない場所なので、バードピンと呼ばれる剣山を反対にしたようなステンレスのピンを、ハトが留まりそうな箇所に設置・施工してもらいました。

＊　＊　＊

物件は購入前に、朝・昼・夜、雨の日など時間を変えて何回も行きなさいといわれますが、本当にそのとおりです。何回も見に行っていれば、小さな問題にも必ず気がつくと思います。

また、あまり注目されない「ハト被害」についても、物件調査のチェック項目に加えることが大切です。もし、すでに被害にあっている場合には、鳥害対策の専門業者に依頼することを強くおすすめします。費用も意外とかかりません。費用対効果を考えると、とても効率的です。

ジョー（所有棟数　3棟）

20

深夜の「見えない訪問者」に怯え、美人入居者が退去！購入前にネズミや幽霊（笑）の情報を調べておけばよかった…。

数年前、3棟目の物件をM市に購入しました。この物件は1階に店舗がひとつ、2〜4階に各ワンルームが2室ずつの小ぶりな造りです。

そこで、初の自主管理に挑戦してみることにしました。

毎週、掃除をしたり、仲介業者さんに空室の募集をお願いしに回ったりして、数ヶ月間は問題なく順調に過ぎていきました。

ところがある日、掃除をしていると、4階に住む40代の美人のお姉さんから声をかけられました。この方は掃除でお会いするたびに、とてもかわいらしい笑顔で「こんにちは」と明るく声をかけてくれます。ところが、このときは表情も暗く、元気のない様子でした。そして、「あの……最近、夜中に誰か階段を上ってくる気配があるんです……」と言うのです。

彼女の部屋は階段を上ってすぐの場所にあります。奥にもう一つ部屋があり、そこに住んでいる住人の方は、彼女の部屋の前を通らなければ自室に入ることができません。

そこで、私が「お隣の方が夜勤等のあるお仕事をされているので、その方が上がってこられているのではないですか？」と答えたところ、彼女は神妙な面持ちでこう言います。

「いえ、○○さんとは何度かお会いしたこともあり、夜勤のお仕事をされているのも知っているのですが、その……違うと思います。上がってくる気配があったときに、玄関の覗《のぞ》き穴から見てみても誰もいないんです。それが気持ち悪くて……」

ひぃええぇ〜!!　それって、もしかして……ゆ、幽霊!?

一瞬、腰が引けましたが、大家として何か対策をとらなければと、気合を入れました。入居者はキレイな方だったので、ストーカーなどで殺人事件などに発展したりすると大変です。管轄の警察署にも連絡を入れて、夜中の巡回を増やしてもらいました。

さらに、部屋にはモニター付インターホンを設置し、外に出なくても階段部分を全部見渡せるようにしました。

その状態で、しばらく様子を見てもらうことで話はついたのですが、その後、お姉さんから、「やっぱり誰もいないのに気配がする、気持ち悪いので退去したいのですが……」との連絡を受けました。

残念ですが、こちらから引き止めることもできず、「そうですか……、すみません」と言って承諾しました。

原因もわからないまま、悶々《もんもん》とした日々が過ぎました。

このままでは、たとえリフォームをしたとしても、次の入居者にも同じことを言われてしまうでしょう。そのうち、幽霊マンションなんて噂されたらどうしよう……。変な妄想ばかりが頭の中をめぐりました。

そして、退去立会い日を迎えました。お姉さんと部屋の中をひと通りチェックし、鍵を受け取り、立会いは完了です。ひと息ついて世間話をしているとき、お姉さんの口から意外な言葉が出てきました。その一言で、すべての謎が一瞬で解けました‼

私が「不安な思いをさせて申しわけありませんでした。他に、何か気になることはありませんでしたか？」とたずねると、

「他にですか？　ん～、ネズミがよく出るんですよね～。夜寝ていると壁沿いを走って行くんです」

「え？　ネ？　ネズミ？？」

そうです。姿なき訪問者の正体は、ネズミだったのです‼　ネズミが廊下を走りまわっている気配を、お姉さんは人だと勘違いしていたのです。だから、いくらの覗き穴から覗いてみても、何も見えなかったのです。

まさかネズミが出る物件だなんて思ってもみませんでした。そのため、購入時にも特に調査などは考えすら及びませんでした。

＊　＊　＊

原因が判明したので、「なんだ。ネズミくらいなら自分で駆除しちゃえばいいんじゃない。簡単！簡単！」と薬局で殺鼠剤を購入し、各部屋の入居者さんに配りました。共用部の天井などにも薬剤をしかけました。

ところが、何の進展もないので不安になり、害虫駆除業者を呼んで、対策方法の提案と見積もりを依頼しました。

その際に、すでに殺鼠剤を設置していることを告げると、「すぐに回収したほうがいいですよ。

確かに殺鼠剤を食べたらネズミは死にます。しかし、どこで死ぬかわからないので、そのまま腐敗してすごいことになりますよ」と言われました。確かにそうだなと納得です。

では、専門家の対策はどんなもの？　と期待したところ、どの業者もネズミの通り道にとりもちを設置して、一匹ずつ地道に捕獲していくとのこと。

「なんだ。結局ねずみホイホイが一番なのか……」と拍子抜けしました。

しかし、それしか方法がないならと、値段と対応が良かった業者さんにお願いすることになりました。一週間ごとにしかけた罠を取替えに来てもらい、月額5250円。しかし、一匹捕まっていたと報告があったくらいでした。

その後、この物件の売却が決まったため、駆除業者さんとの契約も終了しました。ネズミについては瑕疵担保にあたらず、告知義務もなかったので、私が購入したときと同様、売却時も通知はしませんでした。話の流れの中で、少しだけ触れておきました。

＊　＊　＊

物件を購入する際、今まではその周辺の需要、立地、そして空室状況などを調査していましたが、今後は物件調査の際に、入居者さんと接触し、さりげなくネズミ幽霊（笑）のことなど、日常のマンション内の状況について、ヒアリングすることも大切だと実感しました。

崖っぷち夫婦（所有棟数　5棟）

21 コンクリート打ちっぱなしの外壁が、黒カビ状態に…。お金をかけずピカピカにする方法はあるのか？

中京地区の中心部からやや離れた場所にある単身向け物件に買付を入れた。近くには新しい大型ショッピングモールがある。物件は平成築だ。退去後のリフォームもきちんとされており、部屋もそこそこ埋まっている。手がかからなそうな物件だ。全く問題ない……はずだった。

この物件の融資を受けるにあたり、なんと「条件」が付くという。「条件」って一体なんだ？　なにが問題なんだ？　新米《しんまい》大家の私は、思いもよらない展開に弱い。

実は、外壁が汚れていたのだ。おしゃれなコンクリート打ちっ放しの外壁が、年数とともに薄汚れて、黒カビのように見えた。銀行側から指摘されるまで「中古だしこんなものだろう」と思っていた私は、内心うろたえた。

「半年以内に外壁に何らかのメンテナンスをすること」

この融資条件をクリアするには、一体いくらかかるのか？

ドキドキしながら、管理会社に外壁洗浄の見積もりを取ってもらうと、なんと、140万円！

足場を組むのにお金がかかるというのだが、高すぎないか？

１４０万円あれば、小規模マンションの手付金になる。そんなに出せない。しかし、いくつかの作業を省いてコストを押し下げても、予算をはるかにオーバーする。

＊　＊　＊

管理会社に任せるのは無理だ。自分で業者を探そう……。そして、とうとう見つけた。

「20万円で外壁をきれいにできます！」

高圧洗浄車を物件に横付けし、作業員が屋上からロープを垂らす格好で外壁一面をきれいにしてくれるという。しかも、撥水剤塗布工事《はっすいざいとふ》も込みだという！

だが、本当に大丈夫なのか？　あまりに価格が違いすぎる。新米大家のカンが働かない。でも、悩んでいても仕方ない。「作業を施した事実」さえあれば、銀行側には面目が立つ。ここは、思い切ってお願いすることにした。

新米大家の賭けは「吉」と出た。まるで新築のような、さわやかな物件に生まれ変わったのだ！

ブラボー！　A美装さん、本当にありがとう！

この外壁リフレッシュ作戦のおかげで、空いていた3室が続けざまに決まり、晴れて満室に。しかも、（期間満了でおりることになっていた）屋上広告のスポンサー様が、掲載期間の延長を申し入れてくださった。

融資条件で仕方なくやったメンテで、こんなにすばらしいおまけがつくとは！　格安ですばらしい仕事をしてくださったA美装さんには、改めて感謝だ！

＊　＊　＊

コンクリート打ちっぱなしの物件は築浅だとおしゃれでかっこいいのですが、経過年数とともに外壁が黒ずみ、幽霊屋敷のようになります。しかし、このときの経験を通じて、そのような外壁も高圧洗浄で安価にリフレッシュできることがわかりました。今後は、このような物件も積極的に狙っていこうと思います。

チャーリー（所有棟数　3棟）

22

最初から、「餅は餅屋」に任せればよかった！ 無謀なDIYが原因で、あわや入居者が一酸化炭素中毒に！

最上階に住む住人からの水漏れ苦情をきっかけに、陸屋根の修繕を行うことになりました。その際、どうせ足場を組むなら……という判断から、併せて外壁塗装を含めた大規模修繕を行うことにしました。

インターネットで見つけた塗装業者3社に対して、相見積りによる比較検討を行いました。その結果、安い！ 親切！ 丁寧！ ウソつかない！ と4拍子そろった、とても良い業者に出会うことができました。

その業者と、塗装範囲の打ち合わせを現場で行ったところ、鉄製階段の裏部がやたら錆びていることがわかりました。階段の上部に水が浸水し、水滴がしたたるほどのひどい状態です。何度調査しても水の進入口がわからず、仕方なくそのまま、塗装開始となりました。

業者の提案で屋根に日差しを取り付けて（もちろん最初の工事見積りに含めてもらいました）、階段の上部に雨が直接あたらないようにしました。

ところが、しばらくするとやはり水が滴ります。あまりにその状態が酷いので、徹底的に調査を依頼したところ、判明しました。なんと、1階住民用のガス給湯器の排気ガスが階段下の空間に溜まり、その熱気で水が滴っていたのでした。

給湯器はまだ交換する必要はありません。そこで、費用を抑えるため、ホームセンターに行き、トタン屋根を購入してきました。それを給湯器の排気用煙突に継ぎ足す形にして、蒸気の逃げ道を作りました。

2ヶ月ほど様子を見たところ、思惑どおり水滴はなくなりました。また、塗装がしっかり定着したことも確認でき、一件落着、気分スッキリといった感じでした。

ところが、工事終了から3ヶ月経ったある日曜日の昼間、キャンプ場でカレーを作っていると、電話が鳴りました。電話の主は、1階の住人です。話を聞くと、昨夜、お風呂を沸かしていると、黒い煙がモクモクと部屋の中に入って来て、頭がクラクラ、目眩《めまい》までしたといいます。

その後、ガス会社の緊急車両がサイレンを鳴らしてマンションに入り、一時辺りは騒然としたとのこと。ガス会社が付近の空気調査をすると、一酸化炭素量が異常に高く、マンションが一時封鎖される事態となったそうです。

私は、真っ青になりました。1階住民のご家族の安否と、2階、3階の住民に連絡し、全員の無事が確認できたときには、全身から力が抜け、思わずその場に座り込んでしまいました。一時は、業務上過失致死罪で逮捕された自分を想像してしまいました。

＊　＊　＊

即座に業者に連絡して、無理やり頼み込んで、給湯器の交換とオプションの排気マフラーの取り付け作業を、その日のうちに行ってもらいました。そのマフラーを通じ、暖かい空気が確実に外に排出されるようになりました。

＊　＊　＊

やはり「餅は餅屋」です。器用だからといって、油断は禁物。今回は、排気周りを勝手に改造したことが、人命に関わる事件を引き起こすところでした。

これ以降、まず信頼できるプロの意見を聞くことに徹し、今もそれを継続しています。あの時、誰か1人でも一酸化炭素中毒になっていたらと想像すると、今でもゾッとします。

ナイジェル（所有棟数　1棟、戸建1戸）

23 2ヶ月で25万円の高額水道料にビックリ！物件の管理・維持にかかる費用は2ヶ月分以上確認すべき！

平成23年の秋、鉄骨造で価格6000万、築17年で利回りが16％ある物件が出たと、業者から連絡がありました。概要書を取り寄せ、早速、現地に向かいました。立地は大阪府南部の田舎ですが、なかなかキレイでいい物件です。

近くの地銀で満額の融資内諾をもらったので、買い付けを入れました。

ところが、その後、細かい資料を取り寄せてみると、水道料金が異常に高いことに気づきました。家賃の月総額が80万円。それに対して、1ルーム×20部屋の水道料金の総額が2ヶ月で25万円！確実に、どこか漏れているはずです。すぐに業者に調べさせました。しかし、漏れている形跡はないとのことでした。

私が大阪市内に所有している同じ大きさの物件は、1ルーム×23部屋のマンションですが、水道料は2ヶ月で4万円を少し超えるくらいです。

このままでは買えません。そこで、さらによく調べてみると、水道の総使用量はそれほど多くなく、大阪市内の物件と大して変わらないことがわかりました。

大阪の水道局に、料金はどう決まるのかを問い合わせると、大阪市は、「共同住宅料金制度」というものを採用しているという返事でした。要するに、集合住宅全体で一つの量水器を設置して、検針した水量を戸数で割り戻し、家庭用料金を適用する制度です。合理的でいいですね。

その後、買い付けを入れた物件の管轄水道局に同じことを尋ねると、「共同住宅料金制度はやっていない。引きこみ管の中大口径料金で一括請求する」とえらそうな返事が返ってきました。

ご存知のとおり、水道料金は使用水量が多くなるにつれて、超過水量分の単価が高くなるように設定されています。使用量が増えれば増えるほど、懲罰的に料金が高くなります。

しかし、似たような規模の一棟マンションで、同じくらいの水の使用量にもかかわらず、料金が何倍も高いなんて、ありえません。何よりも不思議なことは、前オーナーがこの料金をずっと払っていたことです。危うく収益の上がらない物件を買うところでした。

＊　＊　＊

こんな物件は買えませんので、仲介会社には「水道料金の問題が解決すれば買う」と伝えました。ここからが、仲介会社のがんばりどころです。

共同住宅料金制度がない以上、各戸に戸別メーターを設置するしかありません。新規にメーターを取り付ければ、加入金なるものが発生します。加入金は部屋数分必要ですので、全部で200万円ほどになります。そこで、以下の対策を打ちました。

◆各部屋に戸別メーターを設置する（工事費約30万円）。
◆各戸メーターを設置後は、水道料金を各入居者による直接支払いにする。
◆新たに発生する水道料金分として、入居者の家賃を2000円下げる。
仲介業者も必死です。水道局に何度も出向いて交渉してくれた結果、特例として加入金を免除してもらえることになりました。

＊　＊　＊

物件調査の段階で、売主から物件維持管理に関する費用を最低2ヶ月分は入手することが重要です。水道は2ヶ月に1回の支払いなので、2ヶ月分は資料をもらわないと詳細がわからないのです。
水道料についての確認ポイントには、以下のようなものがあります。
◆水道局より直接各戸へ請求されているのか。
◆全戸でワンメーターしかなく、家主がまとめて支払っているのか。
◆家主が支払っている場合、その費用は適切か。
ワンルームの場合、一部屋あたりの水道代は、2ヶ月で4000円が目安になります。その価格と大きく乖離している場合、水道加入金を支払っていない可能性があります。それがわかった場合は、その分を収益計算に加味し、物件評価をしてみて下さい。それでも物件を入手したい場合は、水道加入金を値引き交渉の材料にしてみるといいと思います。

ハッピー（所有棟数　4棟）

24 パイプが外れて汚水が隣地に氾濫！迅速に対応してくれた有能な管理会社に感謝。

2棟目に買った物件は、よく働きます。この物件は、平成22年4月に福岡市内で購入した平成9年のRC一棟物で、間取りは1K×29戸、表面利回りは15・4％ありました。

それだけでもすばらしいのですが、屋上にはソーラーパネルがぎっしり引きつめられており、毎月九州電力から買電でお金が振り込まれてくるのです。

商業地域の中にある閑静な住宅地で、常に満室経営ができている働き者の物件です。しかし、たまにはケガもします。

昨年夏、管理会社から連絡が入りました。この物件の隣に住む戸建ての住人さんから、「おしっこのような異様な臭いがする」と苦情を受けたといいます。

経験豊富なMさんは、現場を確認した上で、「どうもこのマンションの目に見えないところで汚水が漏れて隣に溢れている感じです！」と報告してくれました。

すぐに対応をお願いしましたが、目に見えないのが厄介です。マンションのどこから漏れて、どこの経由で汚水が溢れ出ているのかがわかりません。

＊　＊　＊

仕方がないのでMさんに1階の廊下を斫《はつ》ってそこから地下を掘り、全てのトイレから出てくる汚水管を調べるようにお願いしました。Mさんは知り合いの水道屋さんに水道管のチェックを頼んだのですが、いい方で、予想の半分程度の金額ですみました。

工事は1階の廊下部分をほとんど残さず掘りきりました。予想は的中。手抜き工事だったのか、福岡地震のときに外れていたのかは不明ですが、汚水管が2本外れていたのです。

＊　＊　＊

その後、修理は無事に済み、臭いの問題も解決しました。

そのまま放っておいたら被害は数倍になっていたかもしれません。管理会社の敏速な対応のおかげで、短期間・低価格でトラブルの処理ができたことに感謝します。

やはり、管理会社は有能でなければいけません。賃料の5%で全てやっていただいていると考えると、決して高くはないと思います。

A（所有物件　8棟＋区分2戸）

#6

予想不能のトラブルは日常茶飯事

【入居者に関する失敗・教訓・回避策】

25 家賃の未入金で発覚した入居者の逮捕。部屋に残された高齢女性の処遇はどうする?

私のある物件での体験です。

この物件は、入居者から家賃を直接、私の口座に振り込んでもらっています。ある日、入金を確認していると、入居者の一人が期日を過ぎても入金していないことに気づきました。早速、管理会社に連絡し、対応を依頼しました。

数日後、管理会社から連絡があり、なんとこの入居者は、逮捕されて拘置所にいるといいます。逮捕理由は隣の部屋の人と口論になり、暴力をふるったからです。前科があるため、拘留は長くなりそうです。

私の頭はパニックになりました。このままだと、家賃は当然入りません。加えて、部屋には入居者の所有物があるので、こちらでは勝手に手を付けられません。つまり、占有された状態ですから、次の入居者の募集をかけることは不可能です。もう、ダブルパンチです。

警察沙汰になってしまったことも心配でした。悪評が立って、次々と入居者が出ていってしまえば、経営が成り立ちません。実際に「こんなところには住めない!」と言い残し、暴力を受けた隣の人は出ていきました。

暴力を振るった男性はこれまで、きちんと家賃をおさめる優良なテナントでした。

管理会社もこれまでこんな事件の経験がなく、どのように対応して良いかわからないようです。

もちろん、私にとっても初めての経験でした。

少しすると、これとは違うアパートで、また事件が起きました。

その部屋はワンルームなのですが、老カップル(夫婦ではない)が一緒に住んでいます。彼氏(ご主人?)の年金が2ヶ月に1回入るので、そのタイミングで2ヶ月分の家賃をもらっていました。

あるとき、家賃の滞納が始まりました。2回にわたり家賃が期日になっても入らないので(つまり4ヶ月分滞納)管理会社に状況把握を要求しました。

高齢の入居者ということもあり、イヤな想像が膨らみます。

この担当者は、お願いしたことに一生懸命に取り組んでくれるすばらしい方で、朝、夕、夜と何回も訪問してくれました。すると、電気がついているなど、生活感はあることがわかりました。

なにか起こってからでは遅いので、民生委員の方や市役所の方に相談しましたが、当人が来ないことには対応できないとの回答です。

そうこうしているうちに、管理会社の担当者が彼女の方に会うことができ、滞納状況の説明と家賃の督促を行いました。

ところが数日後、警察から管理会社に連絡がありました。「見知らぬ男からお金を請求されたのであの部屋には帰れない」と彼女が警察に駆け込んでいたのです。滞納家賃の回収のため、管理会社の人間が訪ねたのですが、それが恐ろしかったもようです。

警察から事情を聴く中で、彼氏についての意外な事実がわかりました。なんと、お店で万引きをして警察に捕まっていたのです。彼女にとっては唯一、頼りになる彼氏がいないのでは、高齢ということもあり、先々一人で生活できるか不安です。

私にとってみれば、家賃が入らないし、困った人を放り出すにはいかないしと、悩みはつきません。

＊　＊　＊

一人での解決は難しいと考え、まわりの協力を得ることにしました。私はサラリーマンで平日は会社務めですので、管理会社の方にも動いてもらいました。

平日に休暇が取れないサラリーマン大家にとって、管理会社の良し悪しは死活問題につながります。

【入居者が隣人を殴って逮捕された最初のケース】

まず、市役所の生活保護課並びに地域の民生委員に相談・連絡しました。このときは特にアドバイスなどは得られませんでした。

しかし、後日また、お世話になることもあるかもしれません。そのときにスムーズに事が運ぶように、今の段階でこのようなことが起きているという説明と公的機関に記録を残すという意味で、必要なプロセスと考えました。

次に、家賃保証会社に電話しました。この家賃保証会社は、滞納家賃の支払いだけでなく、督促や物件の明け渡しにかかる訴訟費用、さらに残置物の処理費用までカバーしてくれます。

保証会社の担当者からは、もっと早く連絡してくださいと注意されました。対応が遅れれば、それだけ回収が難しくなるため、遠慮なく、すぐに滞納事故を報告すればいいそうです。

保証会社は具体的なアクションとして、担当者が留置所に行って直接本人と会い、警察官立会のもと、賃貸借契約の解除と部屋に残した荷物をこちらで処分する旨の同意書にサインをもらってきてくれました。

これで、残置物を処分して次の入居者を迎えることができます。滞納分の家賃と残置物処理費用は、保証会社からの保証でカバーされました。

【高齢の男性が万引きをして、家賃を払えない高齢の女性が残された2番目のケース】

最初の事例同様、まずは市役所生活保護課並びに地域の民生委員に相談・連絡しました。そこで、地域包括支援センターを紹介していただきました。

地域包括支援センターとは、平成18年4月1日から介護保険法の改正に伴い創設された機関で、地域住民の心身の健康維持や生活の安定、保健・福祉・医療の向上、財産管理、虐待防止など様々な課題に対して、地域における総合的なマネジメントを担い、課題解決に向けた取り組みを実施していくことをその主な業務としています。

［地域包括支援センターの主な役割］

①「総合的な相談窓口機能」（地域の高齢者の実態把握や、虐待への対応など権利擁護を含む）
②「介護予防マネジメント」（新・予防給付の予防プラン作成を含む）
③「包括的・継続的なマネジメント」（介護サービス以外の様々な生活支援も含む）

その地域包括支援センターに相談したところ、担当者が警察および彼女に事情を確認してくれました。彼女が家賃の督促を受けている状況を怖いと感じており、今後どうなるのか理解ができていない上、彼氏が留置所に入っていることで、唯一の頼りになる人がいないというのが現在の状況です。

彼女にとっては大変な状況ですので、今後すべて支援センターを通じて解決していただくことになりました。

支援センターの方に、この女性は過去から家賃が遅れている状況であり、できれば退去して欲しい旨を伝えましたが、現状、彼氏がおらず高齢で、住居を探すこともまた新しい所で生活するのも心身に負担がかかり過ぎるため、現実的ではないとの返事でした。

そして、センターの方から、引き続き入居させるための分割による家賃支払いの提案がありました。

担当者の方は、家賃の原資として、彼氏の年金を彼女の生活費及び家賃の支払いに充てることについて留置所の彼氏と話し合い、了承を取り付けてきてくださいました。

女性の方は介護認定されたため、口座から家賃の支払い等を支援センターが代理で行うことになりました。これで確実に家賃が入ることになりました。

このカップルの事情を把握してもらうことができたので、今後、なにかあっても地域包括支援センターに相談できると思うと安心です。担当者の方には、すばらしい対応をしていただきました。感謝してもしきれません。

＊　＊　＊

なんといっても、入居者審査をきちんとすることが大切です。また、家賃保証は必ず入る（通常は入居の条件として入居者に加入してもらう）ことです。

それから、問題が発生した場合には、一人で悩まず、公的機関に一度相談してみることをおすすめします。調べてみると、意外と多くの公的機関があります。特に、入居者が高齢の場合には、地域包括支援センターがベストです。

ジョー（所有棟数　3棟）

26

「保証会社に通れば誰でもＯＫ」が失敗だった…。アルコール中毒の入居者をめぐっての大騒動。

仲介業者から、空室確認の電話が入りました。入居希望者は生活保護の方で、役所のケースワーカーが物件探しに同行しているようでした。

あれっ、おかしいな〜と、ひっかかるものがありました。通常、生活保護者が部屋探しをするときに、ケースワーカーが同行するなんて聞いたことがないからです。しかし、そのときはあまり深くは考えませんでした。

当然、連帯保証人もいないので、決まるかどうかは家賃保証会社の審査次第となります。1社目はアウト。2社目でなんとか通過したため、入居を受け入れることにしました。

入居開始から約1ヶ月後、隣の入居者からクレームの電話が入りました。

「隣の人が夜中に一人でずっと騒いでる。薬でもやってるんじゃないか？」

という内容でした。

現地に行って、ドアをノックしても出てきません。裏に回ってみると、テレビが点《つ》いています。裏のドアをノックしてみるとテレビが消えました。室内におるやん！　ということで、合鍵を使って室内に突入しました。

室内には、ビールの空き缶や焼酎の瓶が散乱していました。アルコール中毒状態でした。しかもかなりの重度のようで、入居者はぐったりしていました。このまま放置しておけば確実に室内で亡くなるだろうと判断しました。

その場でスグに救急車を呼び、アルコール中毒専門の病院に搬送してもらいました。

＊　＊　＊

生活保護者が入院中の場合、家賃（住宅扶助）は役所から直接オーナーに振り込まれます。そのため、家賃のとりっぱぐれはありません。ですが、最終的には入院期間中に入居者と話をして、マンションから退去していただくことにしました。

あとから聞いた話ですが、退院後、次に入居された部屋で亡くなったそうです。

＊　＊　＊

家賃保証会社の入居審査がＯＫであれば、誰かれかまわずに入居させていたのが、今回の反省点です。

あとで確認すると、この入居者はアルコール中毒でどの部屋でも追い出され、他の市町村に移すために、わざわざケースワーカーが同行して部屋探しをしていたということでした。ケースワーカーが付くということは、必ずなにかあると疑ってかかる姿勢が大事です。

生活保護者ということで、保証会社の審査を通過すれば入居可にするのではなく、連帯保証人を付けること、そして何よりも仲介会社にしっかりとヒアリングをして、少しでもおかしな点がないか、病気の既往暦や転居理由なども抑える必要があると感じています。

ドン（所有棟数　20棟）

27 夜逃げ後の部屋はネコのおしっこだらけ…。原状回復費も補償される保証会社に入っておけばよかった！

ある日、管理会社から「明日の10時に、○○○号室が家賃滞納によって強制退去になります」と連絡がありました。

ところが、入居者は退去当日の約束の10時になっても、姿を見せません。どうやら夜逃げしたようです。

管理会社からの報告は、次のようなものでした。

その入居者の家賃滞納が3ヶ月目に突入したため、家賃保証会社が退去を促すために連絡を取ろうとしたところ、携帯電話はつながらず、勤務先も変わっていました。そこで、部屋の前で待ち伏せを続け、ようやく会うことができたそうです。

保証会社の担当者が部屋に入ると、中の荷物はほとんどなく、夜逃げ寸前のようでした。そこで、担当者はその場で退去通知書にサインをもらい、翌日10時に退去立会をするように約束をしていたのです。

サインをもらえなければ、裁判を起こしての明渡訴訟となり、費用と労力がかかってしまうところでしたので、そこで出会えたのは幸運でした。

結局、入居者は退去の立会いに現れませんでした。部屋には冷蔵庫と洗濯機が置かれたまま。退去通知書には、「残された家財の動産放棄」の一文が入っていたため、残置物はこちらで処分ができます。

ただ、この時点では、「滞納分の家賃は保証会社から支払われるから、損失はないだろう」と楽観視していました。

ところが、後日部屋に行きますと、異様な匂いがすることに気付きました。原因は、猫の尿でした。よくよく調べると、どうも放し飼いだったようで、猫がそこら中で放尿をしているではありませんか！

壁のクロスにも尿がしみ込んでいますし、畳にもしみ込んでいます。畳の表替えでは済まず、現状のものは廃棄し、新調する必要があります。ふすまも張り替えでは済まず、廃棄し、新調する必要がありました。障子も、猫のいたずらで破れ放題でした。

さらに、カーペットだけではなく、カーペットの下のベニヤにも尿がしみ込んでいたため、ベニヤの張り替えの大工工事が必要になりました。加えて、壁クロスの内側にある石膏ボードにまでしみ込んでいたため、これも張り替えなければなりません。

押入れの中も全滅です。押入れの中は木材が多く、中の棚の匂いが特にひどいため、棚を切り落とし、撤去することにしました。ファブリーズを10本ほど噴霧しましたが、まったく役に立ちませんでした。

しばらく室内にいると、衣服に匂いが付着してしまうほどの強烈なにおいです。冷蔵庫の中にも食料品が腐食したものがあり、異臭を放っていました。最悪な状態でした。

家賃保証会社は、原状回復費用までは保証してくれません。本来なら、工事にかかった費用を退去者に請求し、回収するのですが、本人は夜逃げで行方不明です。

家賃保証会社によれば、連帯保証人も支払能力が乏しいようです。まさしく、夜逃げ・やり逃げ状態です。

怒りは収まりませんが、ここは冷静にリカバリー方法を模索することにしました。

＊　＊　＊

入居者への請求はいったん保留にし、まずは急いでリフォーム＋入居者募集を行って、空室期間の短縮をはかることにしました。

夜逃げ発覚後、すぐリフォームの見積もりを取り、発注をしました。リフォーム完了は、発注から10日後というスピードです。

猫の尿のせいでかなりの部分をやり直さなければならないので、リノベーションを取り入れ、高級壁紙デザインクロスを採用し、大きな鏡や洗面化粧台も新調しました。IKEAグッズも多用しました。

すると、なんとリフォーム中に内見があり、入居申込が入りました。これほど家主としてうれしいことはありません。

今現在、夜逃げした本人とコンタクトは取れていないため、かかった費用については連帯保証人と折衝する予定です。併せて、元入居者の住民票を取り、しつこく追いかける予定です。

私は債権者ですので、市役所で債務者の住民票を正当に取得することができます。所在が判明次第、少額訴訟など断固たる対処をする予定です。不届き者は許すべからず!

＊　＊　＊

全保連株式会社の家賃保証システムは、契約解除から明け渡しまでに要した訴訟費用、退去時のハウスクリーニング、残置物撤去費用、修繕費も保証対象になっています。

今後は、全保連のように、残置物撤去費用、修繕費がカバーされる家賃保証加入を入居の条件にしようと考えています。

H・Z（所有棟数　5棟）

28

不良入居者の迷惑行為で、優良入居者が退去。「社会人としての人間性」も入居基準で確認すべきだった…。

賃貸管理が嫌いでないので物件によっては自主管理をしています。そんな自主管理物件でトラブルは起こりました。

そのトラブルは隣がうるさいというクレームです。かなりうるさいようです。

クレームを言ってこられた入居者はもう何年も住んでおられる方なのですが、騒音元は今年新しく入って約半年、年齢は17歳の若い入居者でした。

最初のうちは何のトラブルもなかったのですが、夏になった頃から入居者の友人が深夜に大勢遊びにやってきて、話し声（叫び声）や音楽が騒音のようになり、とうとうクレームとなりました。

そのとき、このまま騒音が続けば周りの部屋の入居者が退去するのではととても心配になりました。

入居者が騒音を出すかどうか賃貸契約の段階ではわかりません。入居審査の段階では入居者は18歳未満でしたが、ちゃんと定職にはついていました。

この時期、私は一刻でも早く部屋を埋めたいあせりと、家賃保証会社の承認が降りていたこと、親が保証人で近くに住んでいるということから総合的に判断し、入居を受け入れることにしました。しかし、結果的にはもっと入居審査を厳しくするべきだったと反省しています。

クレームの電話は連日続き、「今夜もうるさくしている、がまんできない」と、かなりの喧噪らしく、とてもおびえた声で連絡してこられました。

正直なところ初めての経験で、大家が現地に行ってどうにかなるのか？　電話で静かにしろと言えば済むのか？　騒ぎ方が普通ではないようなので、場合によっては警察に通報する必要があるのか？　など、いろいろな考えが頭を巡りました。

夜11時に現地に到着してみると、意外にも静かになっていました。クレームされた方に電話で連絡を取ると、ちょっと前から静かになったとのことでした。しばらく様子を見ていましたが、騒音らしい音は聞こえなかったことや深夜であることなどから、問題の入居者に会わずに帰ることにしました。

次の日に電話で、夜の騒音について苦情を伝えたところ、意外にも素直に謝ってきます。今後は静かにしてくださいと丁寧にお願いして、とりあえずは様子を見ることにしました。

クレームを言ってこられた方の話では、かなり悪質な印象でしたが、電話の先の声は普通の感じでした。前の日の晩に、部屋に飛び込んでいって頭ごなしに言わなくて良かったとこのときは思いました。やはり、一方の話を鵜呑みにせず、両方から話を聞いてみるものだと……。

しかし、その判断は甘かったのです。数週間後、不良入居者が再活動（騒音を出し）を始めました。やはり、そう簡単には問題はおさまりませんでした。

一時期は、苦情もなくなり気を付けているのかと思いましたが、複数の入居者から苦情が入るようになりました。

これ以降、本人に連絡を入れても電話には出ないようになり、連帯保証人の親も電話に出てくれません。

そして、とうとう予想していた悪い事態が起こりました。この入居者の騒音による退去者が出てしまったのです。この入居者はこれまでひと言もクレームしてこなかった方で、いきなりの退去連絡でした。理由を聞くと、「上の階からタバコの吸い殻が飛んできたときに、もうここには住めないと思った」ということでした。

これ以上、退去者を出す訳にはいきません。そこで、問題入居者の勤務先に連絡することにしました。勤務先を巻き込むのは気が進みませんでしたが、思い切って電話をすると、2ヶ月ほど前に辞めたとのことでした。勤務先の方の話によると「急に来なくなった」とのことで、やはり本人の生活態度には相当な問題がありそうです。

書面でも注意を促しました。しかし本人がどう思っているのかを確認するために直接話をする必要があります。さっそく部屋のチャイムを鳴らして直接訪問しましたが、出てきたのは本人ではありませんでした。どうやら友達らしく、部屋の中には数人がたむろしていました。

そして、本人は仕事でいないとのこと。入居者本人以外に話をしても解決しないので、その日はそのまま帰ることにしました。直接訪問すれば話が進展するだろうと思っていたのに残念でしたが、会えるまで訪問は続けるしかないと思いました。この手の不良入居者は初めてだったので、対処が遅くなってしまいました。

＊　＊　＊

連帯保証人が母親で、当人が未成年のため、連帯保証人と当人と私の3人で会い直接話合うことにしました。まずは連帯保証人に連絡をとるため、契約書の住所に訪問しましたが、そこには住んでいませんでした。

仕方ないので、連帯保証人の勤務先に電話しました。こちらの身分を明らかにして電話を代わってくれるように頼みましたが、ただ今不在とのこと。居留守のような気もしたので、携帯に連絡して欲しい旨と、お電話いただけなければ明日の朝、もう一度会社の方に連絡すると伝言をお願いして電話を切りました。

その5分後、意外にも連帯保証人から連絡が来ました。本人と連帯保証人と3人で会いたいことを伝え、日時を指定して電話を切りました。

やはり、勤務先への電話は効果絶大です。本人を含め、連帯保証人も勤務先はしっかり確認しておいた方がイザというときに役立つと感じました。

会ってみると、当人の彼女と勘違いするくらい若い母親でした（当人が17歳ならば30代前半の母親はありえますね)。

座るなり、話を切り出しました。こちらが強気に出て、相手にスネられてしまっては話が長びいて、余計に大変になるかもしれません。とりあえず、大家も近所もみんな困っているということを言い続けることにしました。

あとは、相手の出方次第で、
①この場で契約解除を取り付ける。
②書類を渡して契約解除を促す。
③次回もう一度苦情があれば契約解除に合意してもらう。
のいずれかで決着するつもりでした。

こちらの主導で話をすすめ、入居者の部屋を出るまで1時間を要しました。結果としては、その場で契約解除に合意するとのことで、署名と押印をいただけました。

できるだけ早く引っ越し先を探して出てもらうことになりました。入居者本人は茶髪ですが、きちんと話ができて、どこにでもいるフツーの青年でした。やはり取り巻きの友人に問題があったようです。

ところが、最後の最後、退去前日にもうるさいと苦情が来ました。現地に着くと、暴走族風の原付が数台止まっていて、部屋の外に茶髪の少年が3人いました。大きなローンを抱えた家主として覚悟を決め、部屋に入りました。

本人がいない中「大勢でうるさくしないように」と注意し、その場は収めました。しばらく現地にいて、本人が帰って来たところで再度、訪問しました。本人は素直に「今から引っ越しの準備をします」というので、そのまま引き上げました。

翌日の午後、立ち会いを依頼したリフォーム業者から退去完了の連絡が入り、すべて終わりました。心底、ホッとしました。ようやく、不良入居者事件が一件落着です。本当に怖かったです。

＊　＊　＊

このときに経験した不良入居者の一件で、その後の入居者募集条件を大きく変更しました。問題を起こす入居者を入れないようにするためです。

そもそも入居審査を間違わなければ、このような問題は起こりません。これまでは滞納がない入居者を入れるという視点で、保証会社の審査が通ればOKとしていました。

しかし、それだけでなく、共同生活でルールがちゃんと守れる人、周りに配慮できるだけの人格がある入居者でないと、滞納以上に大変な事態になるということが、その騒動を通じてわかりました。

自主管理をしていると、微妙な入居希望者の相談がよく来ます。おそらく、他で問題があり門前払いされた方だと思います。

例えば保証人がいないとか、かなり高齢の方であるとか、若いのに生活保護を受けているとか……。そして今回は社会人の10代の入居者でした。10代で働いている一人暮らしはやはり常識人としては未熟な場合が多いようです。

また最近思うのは、本人の写真をまずは見ることです。

スナップ写真や携帯電話の画像でいいので、入居を承諾する前に見ておいた方が良いと思います。やはり外見は人を語ります。

それから入居前に連帯保証人に必ず連絡を入れる。そうしないと連帯保証人が知らないことがあります。

また、来週から入居したいとか急ぎの場合は、なぜなのかを詳しく確認したいところです。

Bee（所有棟数　5棟）

29 退去後の203号室に大量の南京虫が！困った入居者を入れないための方法はいまだに不明です…。

私は大阪市西成区に、築40年を過ぎた木造アパートを持っています。もちろん風呂ナシです。

そんな築40年のアパートには、築年数と同じくらい長く住んでいる人がいる一方、いったん空室になると、普通の人？ は絶対に入ってきません。

最近は3万～4万円も出せば、小奇麗なマンションの1室を借りることができるのですから、当然といえば当然です。

つまり、このアパートでは、3万円の家賃を出せない人（生活保護レベル）か、普通のマンションでは審査が通らない人（かなりの高齢者か、何らかの問題がありそうな人）がターゲットになるということです。

その物件の203号室で先日、退去がありました。退去するのは、40年以上も住まれていた方です。退去後、部屋を見に行くと、予想どおり、すべてがボロボロで、補修でどうにかなるレベルではありません。フルリフォームです。

その結果、建物外観とは裏腹に、部屋の中は新築の1Rマンションのように美しく生まれ変わりました！

このアパートは自主管理ですので、客付けは、自分で作ったマイソク（部屋の募集広告）を持って、近隣の仲介業者を回ります。その甲斐あって、すぐに次の入居者が見つかりました。おとなしそうなおじいさんです。これでひと安心。

ところが、入居して3ヶ月ほど経つと、アパートの他の方たちから、203号室の住人への苦情が出始めました。どうも203号室に色々な人がひっきりなしに訪ねてきて、騒がしいようです。詳しく聞くと、腕に墨の入った方々も来ていると言います。

さすがにマズイと思い、仲介した業者経由で入居者に注意をしてもらいました。その2日後、仲介業者から電話があり、203号室の入居者の代理という人が来て、退去するといって鍵を置いていったという報告を受けました。

驚いて部屋に行くと、すでにもぬけの殻。急な退去で戸惑いましたが、さいわい賃料の不払いもなかったので、これでトラブルも解決かなと思いました。しかし、退去後の部屋が大変なことになっていました。

フルリフォームして3ヶ月も経っていないのに、部屋は信じられないくらい汚れているのです。部屋中に無数のゴキブリはいるし、壁や床には大小の血を擦り付けたような赤いシミが多数ついています。

また、さらに部屋を調べてみると、壁に1ミリくらいの虫がいました。ダニでも蚤でもない、見たことのない虫です。よくよく見ると、1匹、2匹ではなく、何匹も見つかりました。家に帰り、インターネットで調べると、部屋で見た虫は、「南京虫（トコジラミ）」の幼虫であることがわかりました。

「南京虫」は人の血を吸って繁殖するカメムシ科の害虫です。戦後の日本には普通にいましたが、昭和50年ごろを最後に、日本では見られなくなりました。ところが近年、外国旅行者の増加に伴い、都市部を中心に被害が増えてきているそうです。

部屋の赤いシミの原因がわかりました。血を吸った南京虫をつぶした後だったのです。

＊　＊　＊

南京虫を追い出すには、駆除が必要です。はじめに相談した業者には、「万全を期すためには建物全体の駆除が必要です。入居者を全員退去させてください。期間は半年間です」と言われました。

目の前が真っ暗になりました。そんなの無理です。そんなことをしたら、南京虫と一緒に私も破綻してしまいます。

ほかに手はないかと調べていると、部屋単位で駆除が可能という「南京虫駆除専門」を謳う業者が見つかりました。結局、そこに駆除をお願いすることにしました。

駆除後、作業員の方から、「私が今まで駆除したなかで、単位面積当たりの南京虫の数は最高レベルでした」と言われました。あのおじいさん、一体どんな生活をしていたのでしょう。

駆除の後は、原状回復です。たった3ヶ月で、クロス、床はすべて張替えです。害虫駆除と再リフォームで、総額25万円ほどかかりました。

この費用を少しでも回収しようと、損害保険にもかけ合いましたが、害虫被害は認められませんでした。入居者も連帯保証人も行方知れずで、結局、全額が家主負担となってしまいました。

＊　＊　＊

本来なら入居者をもっと選別する必要があるのですが、それにも限界があります。まさか、

「南京虫持ってないですよね」とは聞けませんし、仮にそうだとしても、絶対に本人は認めないでしょう。

支払い能力があるかないかは信用調査でわかるかもしれませんが、トラブルを起こす人かどうかの判断は、そう簡単ではありません。信頼できる仲介業者の「見る目」に頼らざるを得ないのが実情かと思います。

それよりも大切なのは、トラブルが起こったときに、毅然と粛々と解決に向けて取組んでいく姿勢ではないでしょうか。

解決できないトラブルというのは、そう多くはありません。

私は、トラブルが起こっても、「これもひとつの人生経験だ」と思うようにしています。そう思えば、トラブルも少しは楽しんで(?・)対応できるのではないでしょうか。

まーくん(所有棟数　5棟)

30

203号室にまたもや問題入居者が…。トラブルに負けないハートと迅速な追い出し(?)で一件落着。

南京虫トラブルをクリアした203号室ですが、次の入居者がなかなか見つかりませんでした。そうこうするうちに年末となり、空室のまま正月を迎えました。そして元旦の午後、私の携帯が鳴りました。

電話に出ると、2年前に私の別のアパートを退去した入居者のお母様からでした。律儀にも新年の挨拶かと思いきや、「息子が戻ってきたので、また、まーくんさんのところでお世話になりたい。空いている部屋はないですか」という入居依頼の電話でした。

普通なら喜ばしいことです。普通なら……。

実は、その元入居者は、2年前、覚せい剤で捕まって、私のアパートから刑務所に転居(?)された方でした。「戻ってきた」とはつまり出所してきたということです。さすがにこれはダメだと思い、お母様にはやんわりとお断わりしました。

しかし、それからも毎日、懇願の電話が来るのです。とうとう私も根負けして、空いている例の

203号室に入居させることにしました。まあ、出所したばかりなので本人もおとなしくしているだろうと考えて……。

しかし、その考えは甘かったのです。

入居して半月、他の住民から苦情が出ました。「203号室に入居してきた人が、夜中にギターを弾いたり、大声で歌ったりして騒がしいので注意してほしい」ということです。

さっそく、本人に電話をかけ、注意をしました。本人は素直に認めて、「今後気をつけます」というので、しばらく様子を見ることにしました。

すると翌日、また住民から電話があり、「203号室の人が自分で救急車を呼んで、それに乗って行った」というのです。心配になって、翌日部屋に電話してみると、本人が出てきました。

「にー丸さん（仮名）、昨日救急車で運ばれたって聞きましたが、どうされたんですか？　大丈夫でしたか？」と聞くと、「あー、ちょっと胸が痛くなったんですわ。もう大丈夫です。すいません」と答えます。

なんだか、イヤな予感がしてきました。

その予感は的中し、それから頻繁に周りの住民からの苦情電話が入るようになりました。しかも、苦情の内容は日増しにエスカレートしていきます。

「夜中に一人なのに大声で誰かと話してる」

「夜中に何度もドアを勢いよく空けたり閉めたりしてる」

「夜中にアパートの外に出て、そこで立ち止まって、しばらくしたら部屋に戻ってくる」

「夜中に部屋の中でどうもシコ（お相撲さんがする、あれ）を踏んでいるようだ」

「部屋で叫んでいる」

「また、救急車呼んでどっか行った」

「おまわりさんが来た」

本人に直接会って注意しましたが、一向に治まる気配がありません。というよりも、本人に、自分がしていることへの自覚がないようです。

＊　＊　＊

こうなるともうどうしようもなく、退去してもらうことにしました。ただ、単に退去しろと言っても、退去するような状態ではないので、引っ越し先の部屋までこちらで探して退去の段取りを整えました。
退去日の前日には「明日で契約終わるので、ちゃんと引越ししてくださいよ」と念を入れておきましたが、翌日、部屋に行ってみると予想通り、まだそこに何事もないかのようにいました。
私「にー丸さん、何でいるんですか。契約は昨日で終わってますよ。早く引っ越してください」
にー丸さん「はい！　わかっています。今から引っ越します！」
私「本当にわかってるんですか。じゃあ、今すぐ引っ越しましょう。手伝いますわ！」
そこまでしてやっと引っ越して行きました。

その後、仲介会社にI丸さんのことを聞くと、引越し先でも同じようなトラブルを起こし、そのアパートでは周りの住民が耐え切れず退去しだしているということです。引越し先のアパートの大家さん、問題のある入居者を引越しさせて、ごめんなさい。

＊　＊　＊

今回のトラブルは、トラブルの原因になった入居者を比較的短期間（約1ヶ月）で退去させることができたので、それほど大きな損失は出ませんでした。

しかし、精神的にかなり疲れました。最後の方は、隔日ペースでアパートに行き、本人には注意、他の入居者にはお詫びと状況説明（いつまでに退去させるのでもう少し辛抱してほしい等）を繰り返しました。

住民たちの我慢が限界に来ていることがひしひしと伝わってきました。対応を間違えれば、善良な入居者が退去する事態になっていたと思います。そうならなくて、本当によかったと思いました。

賃貸経営は生身の人の生活に携わる仕事なので、必ずトラブルは発生します。トラブルが極力起こらないようにする努力をまずはするべきですが、それでも100%避けることは不可能です。

肝心なのは、トラブルが起こってしまったときにいかに対応して解決していくかです。トラブル解決能力というか、トラブルにめげない気持ちも、賃貸経営者にとって必要なスキルだと思います。

まーくん（所有棟数　5棟）

31

近所の住人を悪者に仕立てるウソつきクレーマー。別のマンションを斡旋してソフトな追い出しに成功!

ある日、管理会社から電話がかかってきました。管理会社からの電話はたいてい問題が起こったときなので、イヤな予感がしました。

管理会社「Aさん！　ひょっとしてクレーマーが住んでいるかもしれません」

30歳過ぎの男性Bさんのことでした。

「下の階の方がうるさくて寝られません」

「横に住んでいる人が騒いで、テレビが聴こえません」

という具合に、毎日毎日、管理会社に苦情連絡が入る状態だといいます。

そのうち、「お前の管理が悪いからこんな状態になってるんやろ！　すぐに追い出せ‼」と電話口で怒鳴るようになり、上下の住民にも当たり散らすようになってしまいました。

あまりにひどいので、管理会社が調査した結果、下の階の女性の方は、夜のお仕事をしており、苦情があった日はいつも留守であったことがわかりました。

また、横の住人は一人暮らしで、騒ぐどころか静かに生活されている方でした。

これはどうみてもクレーマー自身がクレイマーなので、管理会社と組んで、違うマンションに引っ越してもらうよう、Bさんにお願いすることにしました。

担当者の身長は185センチの堂々とした体躯で、空手や柔道をたしなむ後輩とともにBさんの部屋をノックしたところ、秋葉原にいるようなオタク兄さんが出てきて唖然としたそうです。

事情を聴くと、「やっていない！」と言い出して、何がなんだかわからない話になってきました。よくよく聞き出すと、やはり実体のないことへクレームをつけていたことが判明しました。

引越しの話をすると、「自分が悪かったので引っ越します」と言い、マンションの斡旋でことが済みました。

A（所有棟数　8棟）

7

頼りになるパートナーはどこ?

【管理会社にまつわる失敗・教訓・回避策】

32

管理手数料の安さよりも大切なものがある！悩んだときはその道のプロに早めに相談することが重要です。

賃貸不動産を所有していて避けて通れないのが管理業務です。所有者が自主管理するという選択肢もありますが、サラリーマン大家である私は、最初から管理会社に委託することを決めていました。

今回は、2棟目のマンションの管理会社について書いてみたいと思います。

平成23年2月。私にとって2棟目になる1棟マンションの契約が近づいていました。

売買契約前に管理会社を決めるために、知人に紹介を依頼しました。

私側の仲介業者から紹介をしてもらった管理会社が1社（A社）、先輩サラリーマン大家さんから紹介してもらった会社が2社ありました。この3社は、どこも管理手数料は3％で、この3％は管理会社を決める上での必須条件と決めていました（ちなみに、1棟目のマンションの管理手数料は5％です）。

早速、この3社の担当者と会って、話を聞くことにしました。

最初のA社は社員数名の小さな会社で、社長から直接話を聞きました。この管理会社を紹介してくれた仲介業者もその場に同席し、色々な話を聞きましたが、正直なところ、可もなく不可もなくという印象でした。

次に会ったのは、B社の課長です。見積書を見ると、表紙に何人もの印鑑が押してあり、ページをめくると物件の写真もバッチリ入っていて、いかにも大企業の風格漂う仕事ぶりという感じです。話を聞いても、規模の大きい組織ならではのメリットを感じましたが、反面、融通はあまり利かないという印象を受けました。

日本最大手の不動産管理会社である同社の強みは営業、経理、設備と専門化されていることで、営業は原則、募集と管理活動に専念できるということでした。

次は、C社の社長です。3社の中では一番熱意を感じる話し方で、「ぜひ、当社に管理させてください！」といった雰囲気を感じました。融通も十分に利きそうな感じで、場合によってはイレギュラーな対応も可能であることを確認しました。

3社の面談が終わった時点で見積書を比較すると、一番コストが安かったのはA社でした。面談の印象が良かったのはC社でした。コストを取るか、大企業の安心感を取るか、熱意を取るか、悩みました。

決めきれなかったため、C社の社長に電話をかけて、他の管理会社との相見積もりで迷っているところなので、もう少し金額的に勉強してもらえないかとお願いしました。

その結果、管理手数料3%という条件は変わらなかったものの、清掃料を当初より安くしてくれたため、総額ではA社とC社は同レベルになりました。

これで、総合的にはC社が勝ることになり、管理をお願いすることにしました。

3月10日に管理委託契約を締結しました。この時点で、全20戸中6戸が空室です。C社の社長にはハイシーズンの3月中に1戸でも多く空室が埋まるよう、全力を尽くしてくださいとお願いしました。

このように、当初、十分に熱意が感じられたC社ですが、すぐに異変に気付くことになります。こちらの期待するタイミングよりも連絡・報告が遅いのです。

私は3月中が勝負という焦りの気持ちもあり、非常に不安な毎日を送ることになりました。管理委託契約をしてまだ2週間しか経っていない時点で、「最近とみにお忙しいようで、かなり心配しております。何か事情があればいって下さい」というメールを送ったほどでした。

しかし、こうした文章も余り効果があったとは言い難く、前週の募集活動の報告を週明けに依頼していたにもかかわらず、それが成されませんでした。

4月の初めには「再度のお願いですが、週明けの報告は遵守するように願います。催促しないと報告をいただけないようでは、貴社とのお付き合いも見直さざるを得ません」とのメールを送りました。

付き合い始めて1ヶ月で早くも別れを匂わすようなことをいうことになるなんて……。成田離婚に匹敵するこのスピード。俺の目は節穴だったのかと、後悔の念が頭をもたげ始めました。

4月下旬に、ようやく1部屋の入居が決まりましたが、6月からの入居とのことで、喜びも半分に。悪いことに退去もあったため、5月の収支報告時は8室の空室がありました。

ここで、もっと自分でも動かなければと判断し、物件周辺の不動産業者を回り、自分の所有しているマンションの募集活動状況を聞いてみました。

すると、C社の社長から報告を受けていた内容とは異なり、あまり業者回りがされていた形跡がありません。物件の認知度も今一つでした。

これでは客付けも難しいと実感したため、C社の社長に直接会い、より一層募集活動を促進するようお願いしました。

また、今後1ヶ月の実績次第では、管理を他の会社にお願いすることになると、事実上の最後通告を行いました。

＊　＊　＊

このように喝《かつ》を入れたものの、急に状況が改善する可能性は少ないと思い、水面下で次の管理会社候補を探し始めました。

そして5月下旬、空室は9戸にまで増えていました。その頃、私が会員となっている不動産投資コンサルティング会社の社長と、電話で相談できる機会がありました。

そのときのメインの相談内容は、3棟目を購入するためにどのような物件を狙っていけば良いかという点でした。そこで私は、「とはいえ、2棟目の入居率が非常に悪いため、これが3棟目の融資に悪い影響が出るかもしれないという不安がある」と伝えました。

すると、このコンサル会社の社長は、私が伝えた住所や家賃などの物件情報を聞き、その場でグーグルマップで物件の外観を確認してくれました。

そして、「物件的には全く問題はない感じなので、やはり現在の管理会社の客付能力がもう一つなのかもしれない。もし良ければ、管理会社を紹介しましょうか?」と提案してくれました。

不動産投資で成功している方からの紹介ですので、これはもう間違いないだろうと思い、即座に「ぜひお願いします!」と答えました。

6月下旬、紹介を受けた管理会社(D社)の担当者と会い、話を聞きました。管理手数料は1部屋あたり2000円と定額で、このときの家賃の4・5%程度の割合でした。数か月前には、何が何でも3%と思っていましたが、もうそんなことを言っている余裕はありません。

このD社は非常に新しい会社で、社員も3名でしたが、トリプルゼロという方針を掲げており、非常に頼もしく思えました。

トリプルゼロとは、次のような内容です。

①預かる全ての物件で空室をゼロにする。
②過剰なビルメンテナンスや過剰なリフォーム工事を行わず、無駄なコストをゼロにする。
③賃貸保証会社の立替未払いや入居者の火災保険未加入等を未然に防ぎ、リスクをゼロにする。

さらに、募集活動を促進するために、物件周辺業者への物件周知を徹底的に行う姿勢も、非常に好印象に映りました。

数日後、正式に管理委託契約を結ぶことをD社に伝え、同時にC社には管理委託契約を解除する旨を伝えました。「もっとがんばりますのでもう少し待ってもらえませんか？」と粘られることを予想していたのですが、「結果が出ていないので仕方ないですね」とあっさり承諾してもらえました。

管理会社の変更から3ヶ月。最大9戸あった空室は全て埋まり、遂に念願の満室となりました。満室記念でD社の担当者を含め数名の方と祝杯をあげたのですが、そのときの心地よさとお酒の旨さと言ったら……、もう格別でした。

＊　＊　＊

管理手数料の安さだけを基準に管理会社を選ぶのは考えものであると、今の私は思っています。また、管理会社の対応や報告が遅かった場合に、大家としてどう動くかについても、多くの反省がありました。

C社との契約解除後、C社を紹介してくれた方に報告をしました。

話をする中で、「C社は連絡や対応が遅い部分があって……」と伝えたところ、「同じようなことは私もありますが、私はしつこく電話します。もう一日に何回も電話しますよ（笑）」ということでした。

自分はまだまだ砂糖のごとく甘いな、と思い知らされました。

また、困ったことがあったら早めにプロに相談することの大切さも、今回の件で学んだことです。半分弱が空室という悪夢のような事態から私を救ってくれた管理会社D社ですが、私がコンサル会社の社長に悩みを打ち明けなければ、きっと出会えませんでした。

悩みや困りごとは早めに他人に伝える、それも、できればその道の先輩に伝えることで、ダメージが致命的になる前に良いアドバイスが得られます。

トム（所有棟数　2棟）

33 頼りにならない管理会社を頼るのは時間の無駄。空室率50％を自分の努力で満室に！

私が購入した物件は、4階建てのエレベーターなしの昭和築のRCで、店舗1室、住居部分6室のコンパクトなマンションでした。

場所は中京地区で、中心駅にほど近いなかなかの好立地です。しかし、こんなにいい場所にもかかわらず、住居部分は3室も空いており、空室率はなんと50％。これでは収益を生むどころか月々のキャッシュフローがマイナスになってしまいます。

早く満室にしないと、と気持ちは焦るのですが、何をどうすればよいのか？　どこをどのようにテコ入れすればよいのか？　がハッキリしません。

リフォームをして、仲介業者が「スルーする部屋」から、「ぜひ案内したいと思われる部屋」へ変身させることを考えました。ポイントは、経費と時間をどのくらいかけられるかです。

客付けを依頼するために、管理会社にも相談しましたが、（小規模だし）新米大家だということで、完全に甘く見られていると感じました。

「近くに新築もたくさん建っていますので……」

「家賃を思い切り下げるといいですよ」

オイオイ……、コチラは中古(しかも昭和！)物件。新築と競合する気は鼻からありません。相談しているのは、家賃を下げずに埋めたいからなんです。そんなことを伝えると、「まあ、そのうち……」と言葉を濁します。

いやいや、私はそんなパッとしない回答が欲しいわけではないのですが……。

「しょうがない。管理会社が協力してくれないなら、自分でやるしかない。バカにするなよ、オイラにはプレイヤーズの〝黄金の知恵〟集団が味方してくれるんだー！」と心の中で叫びました。

＊　＊　＊

空室を埋めるための対応策として、まず、自分で次のテーマを決めました。

《最低限のコストで最高のパフォーマンスを！》

しかし、新米大家には漠然としすぎていて、具体策が浮かびません。そこで、「黄金の知恵」を授かることにしました。

【少ない費用で見栄えのするおすすめの設備】

◆キッチン水道蛇口の交換

◆シャワーヘッドの交換

◆トイレの便座を、ＩＫＥＡのおしゃれな木製便座に交換
◆ＩＫＥＡ《イケア》のくねくねミラー（通称）設置
◆ＩＫＥＡの高テーブルやラグ、フロアースタンド設置
◆シーリングライト完備・新品ガスコンロ設置

以上は、先輩大家さんからのパクリでございます（笑）。

さすがに、クロス替えは管理会社にお願いしましたが、自分でできることはすべて自分で行いました。当初のテーマである「最低限のコスト」達成した上、素晴らしい部屋に仕上がりました。

満を持して、管理会社に客付の催促をしました。

「今は時期がずれているので、次の繁忙期まで待ちましょう」

……ガクッ！　それではと意を決し、大家自ら、営業に出ることにしました。

物件の近隣の仲介業者を半日で11件訪問し、マイソクをばらまきました。これにはさすがの管理会社もビビッたようで、この頃から協力的になったのがわかりました。

そして肝心の客付はというと、努力の甲斐あり、仲介業者を営業回りしてから、ほどなく満室になりました。

＊　＊　＊

管理会社とひと口に言っても、大手でしっかりしていて分業が進んでいるところ。小さいけれど

スピード感があって、大家の気持ちがわかるところ。昔ながらのスタイルを突き通すかたくななところなど、特徴はそれぞれです。同じ会社でも担当者によって考え方や対応が違うこともあります。

いずれにせよ、物件のオーナーとしては経営者の自覚を持って、他人任せにせず、自ら動くことが大切であると、身をもって実感しました。

また、先輩方からのアドバイスを聞き、成功ノウハウを積極的に取り入れることも大事であると感じました。リフォームについては、部屋を見栄えのいいものに仕上げるにはＩＫＥＡ製品が洗練され、かつコストパフォーマンスが高いということがわかりました。

チャーリー（所有棟数　3棟）

34

提案待ちでは空室のまま…。何もできない管理会社なら大家が教育すればいい！

2011年7月末に、1棟目の物件を取得しました。ＲＣ4階建てで1階が店舗、2〜3階がファミリー向け住戸×12戸という小規模な物件です。ただし、取得時点で住戸に3戸空室がありました。管理は現行の管理会社を継続するという条件での購入でした。

物件取得と同時に、管理会社との面談を行いました。管理契約条件の確認と空室を埋めるアイデアの打ち合わせをするためです。

以下は、管理会社の担当者と私とのやり取りです。

私「この物件を満室にするための方策を挙げていただけますか？」
管理会社（以下管理）「このあたりの空室率は30％程度なので、空室が3戸あるのは特別なことではないかと思いますが……」
私「？？？　満室にするための方策を聞いているのですが……」
管理「家賃を下げるのがよろしいかと……」
私「それだけですか？」
管理「……」
私「それでは、過去の案内件数、申し込み件数をまとめて報告をお願いします。それと、今後、毎週月曜日に案内件数、申し込み件数のデータを報告していただけますか？」
管理「……、承知しました」
私「空き住戸は、リフォームしていないようですし、畳の交換もされていないですよね？」

管理「入居申し込みがあったらリフォームするようにしています。畳を先に交換してしまうと、焼けてしまいますので……」

私「……。畳はすぐに交換してくれませんか？」

管理「承知しました」

私「それから、仲介業者に配布するマイソクはどのようになっていますか？」

管理「これです。この地域で統一されたフォームがありまして、それを使用しています。間取り、設備、簡単なPRを載せたものです」

私「どの物件も、このB5サイズの、写真もないマイソクを使っているんですね？」

私はこの時点で、管理会社の変更をしなければならないかもしれないと考え始めていました。

物件購入から1ヶ月が経過し、9月中旬になりました。

私「ご案内状況は、3室合計で月に3〜4件ですか……。これでは、申し込みは入りませんね〜。この近辺の広告料は1ヶ月が標準的ですが、年末までの期限付きで2ヶ月にしましょう」

管理「わかりました」

私「また、入居者におしゃれグッズプレゼントキャンペーンを年末までの期限付きで行います。グッズは、レースカーテン、室内照明、ガスコンロ、テーブル、ラグマット、スタンドライト、アメニティセット、壁掛け姿見などなど。設置は私が行います」

管理「オーナーさんがそんなことまで……」

私「いいえ、オーナーだからこそ物件に思いを入れるべきだと思います」
管理「承知しました。じゃあ、私も手伝います……」
私「私の物件専用のマイソクと地域便利マップをカラーで作りました。御社で作成されるマイソクに添付して賃貸物件仲介業者さんに配布をお願いします」
すると、10月に入ってすぐに1室に申し込みが入り、その2週間後にもう1室、10月末には最後に残った1室にも申し込みが入り、めでたく満室となりました。

11月に、管理会社とミーティングを行いました。
私「いやー、満室になって大変満足しています！」
管理「私も、久々に毎月満室分の賃料お振込をさせていただけそうです。これもオーナーさんの熱心な活動の賜物です」
私「いえいえ、私は〝1日も早く満室にしたい〟の一念でしたから……」
管理「でも、弊社で管理している物件のオーナーさんは、我々管理会社に任せっきりで、オーナーさんのように自分で動かれる方は初めてです」
私「空室は努力と工夫で満室になりますよ」
管理「私もアイデアを出して、他のオーナーさんの物件のリーシングに生かしてみたいと思います。もっと勉強しなくっちゃ！」

私「そうですか、がんばってください」

管理「先日オーナーさんからいただいたオリジナルのマイソクと資料の作成の仕方を教えていただけませんか？」

私「いいですよ。喜んで」

管理「ありがとうございます‼」

しばらくはこの管理会社に、物件の管理を任せてみることにしました。現在まで満室を続けていますが、今後、空室が出たとしても、入居付けを行うスキームが私と管理会社担当者との間で確立しているため、スムーズに目標達成に向けて行動していけると思います。

プレイヤーズ親衛隊長（所有棟数　3棟）

＃8

オーナーとして経営者の視点を持とう

【経営・運営に関する失敗・教訓・回避策】

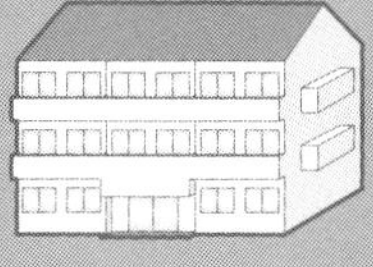

35
資産を増やすにはある程度の時間が必要。もっと早く不動産投資を始めればよかった…。

45歳になるまで投資とは無縁の平凡なサラリーマン生活を送っていました。まともにお金のことを考えたことすらなく、「給料をもらう」「それを使う」「残りを貯金する」ことで十分という感覚でした。

サラリーマンで投資をしている人たちがいることは、なんとなく知ってはいましたが、私にとっては縁のないことだと気にもとめませんでした。漠然と、豊かな生活に憧れてはいましたが、特に勉強もせず、行動も起こしませんでした。

そんな私に、2010年3月のある日、転機が訪れました。

その日は仕事で、待ち合わせの時間まで少し余裕があったため、時間調整のために本屋に入りました。そこで、なにげなく手にとった本から、すべてが始まりました。

その本とは、午堂登紀雄著『お金の才能』です。元々は違う本を買おうとしてレジに並んでいたのですが、ふとレジの前に平積みされているのが目に留まったのです。

この本の資産の増やし方の初歩の初歩的内容のページで、不動産投資が紹介されていました。それを読み、会社員の身分でも十分、資産を増やせることを知りました。

まさに、目からウロコが落ちた瞬間でした。

不動産投資を志した人たちは、ロバート・キヨサキの『金持ち父さん・貧乏父さん』がきっかけというケースが多いと聞きますが、私の場合はこの本でした。もちろん、『金持ち父さん・貧乏父さん』も、今の私にとって、教科書的な本ではありますが。

この本を読んだのをきっかけに、不動産投資やミリオネア・マインドに関する本を買い漁り、勉強を始めました。これらの本には、共通して「行動することが何よりも大切」とありました。

そこで、本で勉強する傍ら、不動産投資のセミナーや勉強会にも参加するようにしました。今はインターネットで勉強会やセミナーを簡単に探し出せますので、参加すること自体は割と簡単にできました。

私の場合、セミナーや勉強会に参加し、不動産投資で先行している方たちから生の声を聞くことがモチベーション維持にものすごく役に立ちました。実際、成功者からアドバイスや貴重な情報が聞けることは、ある程度お金を使ってでも価値のあることだと思います。

しかし、そのような不動産投資やる気十分な私に、大きな壁が立ちはだかりました。

それは、愛しの妻でした。

「俺を愛しているなら、わかってくれ！」と言って、素直に了承してくれるとは思えません。

ここは、一発ジャブを出して様子を見ることにしました。

「マンション1棟を銀行から融資を受けて購入して賃貸経営するという資産倍増計画があるんだけど……。不動産投資っていうやつなんだけど……」と言う私。

妻は、じろり一瞥をくれて「はぁ？　不動産投資？　会社員の分際でそんなんできるはずがないわよ。あんた、騙されてるよ！」と言います。

しかし、不動産投資を目指すには、セミナーや勉強会への参加費、物件を調査する交通費、関連する書籍類や役に立ちそうな優良情報（情報商材）の費用など、先行投資のための資金がどうしても必要なため、妻の理解は不可欠でした。

妻が、我が家の財布を握っています。なんとしても、妻から資金を引き出さなければならなかったのです。

そこで、外堀を埋める作戦に出ました。まず、不動産投資関係の本をベッドの横の本棚にずらっと並べて妻が寝るまで読む。そして、妻が起きる前に起きて読む。お金のかからないネットでの物件調査も、暇さえあればやる……。

そのような行動を1ヶ月近く続けた結果、妻は「騙されたと思ってお金を出す」という後ろ向きな言葉とともに、先行投資資金の使用を認めてくれました。そして現在、この妻はありがたいことにとても協力的です。

＊　＊　＊

私は2010年の10月と12月に、物件を購入しました。今思うと、あと5年早く始めていれば、かなりの資産を作れたかもしれません。5年前は、不動産投資に積極的な都市銀行がありましたし、景気もよかったため、融資の環境が今とは大きく異なりました。

それに、時間はお金では買えません。不動産投資を目指すには、思い切った腹のくくり方が必要ですし、タイミングも大事になってきます。

早く準備をして経験を積みながらタイミングを待ち、ビッグチャンスが来たら確実にゲットする。こうすることでより早く成功できるのではないかと思っています。

資産を増やすには、間違いなくある程度の時間が必要です。若い方で、不動産投資で成功されている方も大勢いますので、若い時に始めたほうがいいことは確実です。

私も、5年前に始めていればもっと違う人生の立ち位置にいられたでしょう。

それでも、今からでも遅くはないと、気持ちを前向きにして、資産を増やしていこうと思っています。

リュウセイ（所有棟数　3棟）

36 リーマンショック後の空室増加でキャッシュフローが赤字に…。現場に行かない怠慢大家を早めに返上するべきでした！

私が不動産賃貸を始めようと考えたのは、自分の夢の実現のためでした。もともと、日本株を中心としたヘッジファンドに勤務するなど、株式運用の仕事をしており、将来的には、自分のファンドを持ちたいと考えていたのです。

独立すると、軌道に乗るまでは収入が安定しません。すでに結婚して子供もいたこともあり、その間の生活レベルを維持するために、不動産投資を考えるようになりました。

最初の物件を購入したのは、２００５年2月です。独立のために開始したこともあり、当時はできるだけ手間をかけずに収入を得ることを目指していました。そのため、現地に行くペースも、年に1回あるかないかというレベルでした。それでも入居率は90％を維持し、期待通りの収支を得ることができていました。

風向きが変わったのは、２００８年のリーマンショック後です。２００９年に入ると、入居率90％を維持するのが難しくなり、年末には入居率が75％まで低下しました。

この水準では収支は赤字です。家賃収入だけでは借入金の返済や経費の支払いをすることができなくなり、自己資金で補填するようになりました。

こうなると、不動産賃貸は独立を助けるどころか、逆に足を引っ張る存在です。この状態から脱却するために、物件を売却して株式運用に特化するかどうかという判断を迫られることになりました。

＊　＊　＊

赤字の最大の原因は、不動産から距離を置いていたことです。できるだけ手間をかけないやり方を目指していたため、現場にも行かず、不動産の勉強会やセミナーにも参加していませんでした。

これを反省し、もっと積極的に不動産にかかわるようにしました。具体的には、現場に行く回数を増やし、空室の場合には週に1回、満室の場合でも月に1回は行くように、自分でルールを決めました。

また、役に立つ新しい知識などを得るために、他の大家さんと交流したり、多くの勉強会や不動産賃貸のセミナーにも積極的に参加するようにしました。特に大家さん同士の勉強会では、実体験にもとづく現場で役立つ知識を交換することができました。

その結果、2009年末に入居率75％だったマンションは、半年以内に満室となりました。

現場に行くことにより改善点に気づくようになり、具体的な対処法を大家さん仲間から教えてもらい、それを実践することで成し遂げた結果でした。

2010年の年初にも退出が連続し、入居者の75%が入れ替わりました。もし、新規で入居者を決めることができなければ、入居率が25%にまで悪化していたことになります。

知識も行動力も仲間もナシという状態で、この状況を迎えていたら……。そう考えると、今でもぞっとします。

＊　＊　＊

今は定期的に現場に行って変化を敏感にとらえ、何かあれば、即座にアクションにつなげています。

それから、勉強会に参加し、新しい知識を積極的に吸収するなどの努力をしています。

2009年末には真剣に不動産賃貸業からの撤退を考えましたが、今では経営も軌道に乗り、なおかつ物件数も増やすことで、経営を拡大できています。

794UGUISU（所有棟数　4棟）

37 予想外の大量滞納と大量退去に冷や汗。一気に埋めるには思い切った値下げをするべきだった…。

大阪市内に購入したRCマンションでの出来事です。

間取りは1Kで、築19年のしっかりとした物件でした。賃料もこれまでの所有物件よりかなり低く設定されており、運営は比較的ラクなように思われました。

購入時は満室で、順風満帆のスタートでした。まさか、このときは4ヶ月後に大変な事態が起きるとは、想像もしていませんでした。

物件を購入してすぐ、以前のオーナーが契約していた大手管理会社への依頼を打ち切りました。自主管理で運営するためです。

私にとっては2棟目の物件ですので、管理には自信があります。これまでの経験で身に付けたスキルをフルに生かすつもりでした。

引き渡しが終わり、所有者が変更したという連絡を賃借人に伝えて半月後、先月分の賃料が元管理会社からまとまって入ってきました。次の家賃回収は、私が直接行うことになります。

そして、初めての月末を迎えました。ところが、家賃が振り込まれるはずの口座には、入金が一向にありません。月末が過ぎて翌月になると、1件、2件と入り始めたものの、結局、10日を過ぎても半分近くの家賃が振り込まれませんでした。

翌月末を経過した段階で、入居者に電話連絡を入れましたが、その電話に出ない入居者があまりにも多く、問題は解決しません。

理由のひとつに、先月までの家賃は銀行の自動引き落しで支払われていた、ということがあると思います。入居者はこれまで、何もしなくても自動で家賃が引き落とされていたのに、今月から支払い方法が振込に変わったため、自分で銀行に行って手続きをしなければならなくなりました。それを忘れている可能性があります。

もう一つの滞納理由は、入居者属性によるものでした。入居者の半数以上が20代前半の若者。しかも、親離れできていないのか、どうやら親の援助で生活しているようなのです。

実は滞納者の多くは学生ではなく、社会人でした。社会人といっても学校を卒業しても就職できず、フリーターをやっているような人たちです。もしかすると、以前は親の口座から家賃が引き落とされていたのかもしれません。

＊　＊　＊

電話連絡の取れない入居者には、直接訪問をしました。しかし、電気がついていて部屋にはいるはずなのに出てこない、郵便を送っても返事がない、簡易書留で送ったものが戻ってくるといったひどい状況です。

家賃回収の難しさを痛感しました。あまりくよくよ考えないようにし、地道な努力を続けていった結果、少しずつ入金状況が改善していきました。ただ、それでも数件の滞納の状況が続いています。

また、年齢の若い入居者には親御さんに連絡を取ったところ、無事に払ってもらえるようになりました。

＊　＊　＊

滞納問題が一段落すると、次の問題が発生しました。それは、退去の続出です。特に前から住んでいる賃料の高い入居者の退去が多いのです。

5ヶ月経過した段階で、30室中8室がすでに退去、退去予定が2室、翌月にはさらに3室の退去という具合で、7ヶ月の間に合計13室が退去することになりました。

必死に入居付けをしましたが、4室を埋めた後は、なかなか空室が埋まりませんでした。

＊　＊　＊

退去が続く原因は何か？　調査を続け、その原因がわかりました。それは、近隣に比べて賃料がやや高めだったということです。

高いといっても、18平米の1Kで家賃3・5万円。他に共益費3000円、水道料2000円、礼金1ヶ月、敷金ゼロという内訳です。建物の価値に比べると、高すぎはしないと思うのですが、この地域に単身向けの賃貸物件が多かったため、家賃の値崩れが起きていたのです。

最初はただ家賃を下げるのではなく、設備の改善やワンポイントデザインクロス等のリフォームで対処しようとしました。ただ、どんなに見た目を良くしても、申し込みは入りませんでした。

近隣の賃貸募集チラシで、ワンルーム1万円台のものも出ています。とはいえ、そうした物件は3点ユニットですし、バストイレがセパレートの自分の物件はまだ戦えると踏んでいました。また、元々5万円、6万円といった高い家賃で住んでいた入居者が相次いで退去したため、一気に値段を下げることに心理的な抵抗もありました。


しかし、空室のままでは、1円も入りません。3月の入居シーズンが過ぎて、5月になった段階で、家賃の見直しを決断しました。そこで、信頼している不動産屋さんに相談をしました。最初、その提案にはビックリしました。

なんと、賃料2万9000円というのです。近隣の3点ユニット並です。しかし、「早く埋めるには、このくらいインパクトのある賃料で一気に埋めた方がいいですよ」とのこと。ただし、共益費6000円、水道料2000円と調整することで、実質の値下げは3000円に収まりました。

この賃料設定は「RCセパレートで2万円台」という仲介の営業マンへのインパクトと、ネット検索で賃料2万円台でヒットさせることを考慮してのことです。

最初は動きが見られなかったのですが、7月半ば、ようやく1件が決まりました。一度決まり出すと、案内が集中し、どんどん決まっていきました。いわゆる「決め物」になったわけです。

8月末に最後の一部屋が決まって満室になったとき、これまでの苦労がようやく報われたと喜びました。その後は、1~2部屋空くこともありますが、余裕を持って募集できるため、最近は賃料を3000円アップしても決まるようになりました。

＊　＊　＊

今回の大量滞納と大量退去には、随分と苦労させられました。しかし、これにより、精神的に大家として成長できたと思います。

賃貸物件の供給が多いエリアで賃料を下げて部屋を埋める場合には、次の3つがキーポイントになると思います。

①賃料・共益費のバランス及び値段の下げ方が重要であること
②ネット検索で上位に表示されるようにすること
③仲介営業マンに「決め物」として取り上げてもらうため、物件の売り込みをすること

また、自分1人でどうにもならないときに相談できるブレーンやチームを持つことの重要性も、つくづく感じました。

Bee（所有棟数　5棟）

38

管理会社に任せきりで空室のまま丸2年。もっと早く自分で動けば、妻にも心配をかけずに済んだのに…。

平成19年11月に、大阪府淡路にあるワンルーム区分を現金で取得しました。中古物件です。近隣には工場や大学があり、最寄駅まで徒歩10分、梅田まで阪急電車で10分の立地でしたので、賃貸需要はあると考え、購入に踏み切りました。

管理会社の所有物件で、入居者が退去した後の客付けは、その会社が面倒を見てくれるとのことでした。

購入後しばらくは何の問題もなく、仕事も家賃の振込みを確認するだけでした。

そして平成21年3月に、初の退去があり、空室となりました。管理会社からハウスクリーニングの要請があったため、費用をすぐに振り込んだのですが、「繁忙期のため、工事の完了は5月になる」と連絡がありました。

今考えるとありえないことですが、私は「がんばってください」とだけ言って、相手の行動にとくに疑問も持ちませんでした。

工事が終わってからの客付に関しても、管理会社にいわれるままでした。その管理会社は土日が休みで、場所は物件から離れた淀屋橋にあります。しかも専任媒介ですから、今思えば店子さんが入居する可能性はほとんどゼロです。

それにもかかわらず、当時の私はこんなもんかな、と考えていました。管理会社への催促もろくにせず、「周りにも同じような物件もあるし、なかなか入居しなくても普通ですよ」という相手の言葉にも、何一つアクションを起こしていませんでした。

部屋の状況すら確認していない状況でした。現金買いでローンの支払いこそないものの、毎月の管理費は持ち出しという状況でした。

＊　＊　＊

やっと行動を起こしたのは平成23年3月です。実に2年もの間、ほったらかしの状態が続いたのです。きっかけは、妻の何気ない一言でした。

「早く入居者が決まるといいね。応援しているからね」

妻は純粋に応援のつもりだったのでしょうが、頭をハンマーで殴られたような気がしました。このままではダメだ、きちんとしなければと思い、やっと重い腰を上げました。

さっそく専任の契約をしている管理会社へ契約解除の通達をし、部屋の確認に行きました。よくもまあこんな状態のままにしていたな、と我ながらあきれました。

鏡はさび、流しの菊割りは欠け、ベランダには折れた傘が放置、便器も汚れていました。こんな部屋に誰が入居したいと思うでしょうか? 私ならどんなに安くても絶対に選びません。

まずは、自分で納得できるところまでやろうと決めました。部屋を徹底的に掃除し、ホームセンターで鏡と菊割りを購入して取り換えました。電熱コンロもIHコンロに交換しました。これならば住んでもいい、と思える状態になりました。

次は募集です。現地に近く、人の集まる新大阪の仲介業者に依頼しました。仲介手数料は家賃2ヶ月分。家賃は相場より2000円高い設定で、敷金礼金ゼロ、ただし1年以内の解約は違約金が半年分必要という内容にしました。

「入居者が決まった」と仲介業者から連絡が入ったのは5月5日、行動を起こしてから1ヶ月半後でした。

＊ ＊ ＊

自分で動かなければ何も変わらない、逆に言うと自分で動けばどうにかなるという、本当に基本的なことが身に沁みてわかりました。

高い授業料を払いましたが、その価値は計りしれません(本書を読まれている皆様は、無駄な授業料を払わなくていいように反面教師として参考にしていただければ幸いです)。
◆授業料:72万円(家賃3万円×24ヶ月)
◆手に入れたもの:手痛い教訓、妻との絆(プライスレス)

ぐっぴ~(所有棟数 区分3室)

#9

怒濤の営業トークは冷静に迎え討て!

【新築物件に関する失敗・教訓・回避策】

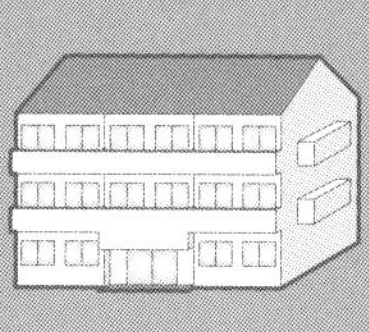

39 父の遺した町工場の土地に新築アパートを建てるまで。都合のいい業者のペースに巻き込まれなくて良かった…。

町工場を営んでいた父が亡くなり、資産を引き継ぐことになりました。バブル時に急拡大した資産は御多分に洩れず、引き潮にあってしまいましたが、いくらかのキャッシュと、町工場だけは残りました。

事業のことに全く関わっていなかった私は、工場を閉めることにしました。まず、1年半をかけて事業を整理し、在庫を売却し、工場を空にしました。

しかし、空になった工場をどうすればいいのかがわかりません。そのまま置いておけば、固定資産税がかかります。考えられる選択肢としては、空き工場を貸倉庫として貸す、融資担保にして借入し他で投資する、更地にして駐車場にして貸す、賃貸住宅を建てて貸す、売却する等があげられました。

＊　＊　＊

収益不動産に興味があったため、某ポータルサイトに会員登録すると、近所にあった関西で有名な不動産屋さんから、「提案をいただきました。担当者は土地活用で有名な建設業者出身の方で、賃貸アパートを建ててはどうか?」とすすめてきます。

早速、作成してもらったプランを見ると、木造アパート2階建てで、建築費と家賃収入から計算した表面利回りが8％というものでした。土地も資本として投下していることを考えると、投資として成り立っていないことが、素人の自分にもわかりました。

そのことを担当者に告げると、「土地活用は税金対策、後に資産を残すという守りの発想でなければいけません。儲けようとしたら失敗します。儲けは後から付いてくるものです」という返事でした。

そういうものなのかな？　と思いつつ、建築事例として今まで建てた物件の見学を依頼すると、別の日に車で、近所のマンション数箇所を案内されました。

案内されたのはごく普通のマンションで、外を見ても仕方ないので、中を見せてもらえるよう頼んでみると、「それはできない」と言います。

次に案内された物件も普通のマンションでしたが、明らかに1件目とは雰囲気が違うので、「これも、そちらで建てられた物件ですか?」と聞くと、「違います」という答え。ビックリして、建主を聞いてみると、「どこが建てたのかはわかりませんが、ひとまず規模感をつかんでいただくためにご案内しました」ということでした。

呆れながら、その会社で建てた物件を見せて欲しいと言うと、戸建て住宅に案内されました。

なぜか、集合住宅は見せてくれません。「前にいた会社は収益物件が得意だったのですが、今の会社ではありません」というものでした。

そこで見切りをつけて、他の方に相談することにしました。

今度は父の知り合いの不動産屋です。

この方の見解は、次のようなものでした。

「貸倉庫にするにしても需要がないだろう。売却するにしても、こちらから売りに行けば買い叩かれるだろう。元工場は土壌汚染の可能性を指摘されやすく、そもそも売却は不利。今は下手に動かず、買いたいという人が出るまで、できればお隣が買いたいといってくるまで待っておいたほうが良い。どうしても不動産業をやりたいなら、築古の木造を安く仕入れて、経験してみたらいいのでは？」

後日、最初の頼りない不動産屋から電話がありました。今は新築は考えておらず、築古の格安物件を探していると伝えると、いくつか中古物件を紹介してくれました。

しかし、どれも収益が得られるイメージが沸きません。そんなある日、この会社から、「ぜひ、見ていただきたい物件がある」と連絡を受けました。

案内されたのは、430㎡の旗竿形の敷地です。そこには、築50年の2DK×14戸の文化住宅がありました。その時点で9戸の空室があり、2階は雨漏りだらけで無人。売り出し価格より2割引きで購入できる可能性があり、満室にすれば表面利回りが20%になるといいます。土地が広いので将来、更地として売却できるかもしれません。価格は路線価の評価よりも低い格安でした。

物件を眺めていると、不動産業者が「おめでとうございます。間口として使える隣接土地も売却してもらえそうですよ」と言いながら、ガッチリ僕の手を握ってきました。

しかし、これを買うには銀行から融資を受けなくてはなりません。それに、耐用年数をゆうに超えた物件で、融資が付くのかという問題もありました。もし仮に購入でき、土地として売ろうとした場合も、現入居者との立退き交渉や、解体コストという不安が残ります。

不動産屋は、「大丈夫です。退去相談に乗ってくれる業者がいますし、解体費用も知れています」と言いますが、鵜呑みにするわけにはいきません。

家に帰り、父の知り合いの不動産屋に工務店を紹介してもらい、まともな状態にするための費用を見積もってもらうと、最低でも800万円とのことでした。

それからインターネットで裏取り調査をしました。立地的に入居付の問題もなさそうだったので、不動産屋に「買えなくはなさそうです」と伝えました。

そこからは、次のようなやりとりで話が進みました。

不動産屋「他に取られないよう、まずは買付けを入れてもらえませんか？　手付金は少し必要ですが、融資特約を付けますので、融資が付かなければ白紙になります」

私「わかりました。今、手持ちがないので後日、手付金を持ってきます」

不動産屋「明日は当方が休みです。できれば今、コンビニ等でお金を下ろしてきてもらえませんか？」

言われたとおり、コンビニに行ってお金を下ろすことにしました。しかし、その道中で、私は冷静さを取り戻しました。

不動産屋の所に戻り、「やっぱりいったん持ち帰っていいですか？　後日連絡します」と相手に告げると、キョトンとした顔をしていました。

3日後、不動産屋の支店長から連絡がありました。店を訪ねると、支店長は担当者よりかなり若く、鋭気が漲《みなぎ》っていました。あいさつ後、彼から「今でこそ不動産屋の支店長だが、自分でも区分所有をいくつも持っているし、昔は事業をやっていて結構羽振りが良かった」的な武勇伝を延々と語られました。

担当者は、横で〝借りて来た猫〟のようにおとなしく黙っています。

支店長はさらに、「日本経済がこうだから、不動産の価格はこうなった。不動産売買の世界には業者、セミプロ、エンドの相場があるが、この土地なら業者に即転売できる。こーやって区画整理すれば、戸建て屋にも売れますからお得ですよ。だから、どうですか？」という説明を2時間ほど続けました。

ひと通り聞いたら、今度は私の番です。

「私は収益物件として考えています。見込みから逆算してこれくらいの価格で考えていますが、かなり乖離しているので買えないだろうと思います」

そう言って、手付けを保留にした上、エクセルでシミュレーションした金額、欲しい利回り、リフォーム費用、運営経費、その他費用を引き、出てきた結果を提示しました。値下げされた価格の4分の1の価格です。それを見て支店長は激昂しました。

支店長は、「何ですか、この金額は！ 全然、相場とかけ離れた数字じゃないですか！ 収益をあげるにはそれなりのリスクを取らないといけないですよ。言っていることは全くリスクを取らずにリターンのことしか考えていないじゃないですか。こんな金額なら私が買いますよ。こんなお考えでしたら今後一切、うちの担当者をつけることはできません。それどころか我々の業界で全く相手にしてもらえないようになりますよ。相場を無視してもらっては困ります！」と憤慨します。

私が、「いえ。これで売れ、と言っているわけではなく、私には買えない物件ですね、ということを言っているのです」と言っても全然聞いてくれません。

担当者は、「リスクに対して不安になられる気持ちはわかります。しかし、あの金額を見て、我々の言っていることを信用していただけてないというのがわかりました。残念です」と言います。

私の考えが間違っているのか、と悶々としながら別れました。その後、不動産勉強会で知り合ったプロの大家さんに、この件を相談しました。「あなたの言っていることは間違っていない。気にしなくて良い」と言っていただき、救われました。

その不動産屋とは、それっきりになりました。

＊　＊　＊

相続後は、不動産関係のセミナーにたびたび参加しました。その中で、収益物件を得意にしている建設業者を知り、元工場のある土地に、RCマンションを建てた場合、複数の戸建てた場合を見積もってもらいました。最初の木造アパートから考えると断然、費用対効果が高いですが、こちらが希望する利回りには届きません。

それ以外のセミナーの個別相談会でも、様々な提案を受けました。

「土地を売って、更に融資を受けて、私どもが管理している収益物件に替えてみてはどうですか？　後日、担当が説明に伺いますので」

「利回りを求めるなら、回っている中古物件が良いですよ。今、我々が管理していて売りに出ている物件があります。それなんかどうでしょう？」

「ひとまず、銀行融資を受けないといけませんから、事前に4行ほど、個人属性の審査をしてもらいましょう。こちらで持ち込みますので申し込み用紙に記入していただけますか？　これまでの学歴と職歴、年収を証明するもの、資産を証明するもの、家族構成、住民票等も一式そろえてください」

＊　＊　＊

方向性が決まらないまま、別の不動産勉強会で知り合ったベテラン大家さんに、「土地とある程度の現金がある。土地活用は難しいので売却を考えている」という話をすると、「良い設計士を知っているのでその土地にマンションを建てなさい」とアドバイスをいただきました。

建築コストが驚くほど安かったため、話だけでも聞いてみようとその設計士さんに会う約束をしました。そして、収益として十分やっていける利回りが出ることが確認できたため、更地にして、収益マンションを新築しようと決めました。

RCの3階建てで、23㎡の1K×18戸というプランです。物件情報や相場をインターネットで調べた後、その地域固有の特徴等を聞くために、賃貸不動産屋さんを訪問しました。

「この土地でこれくらいの間取りでマンションを建てようとしています。いくらで貸せそうですか？　周りの賃貸需要・状況はどうですか？　人気エリアは？　入居者はどんな人？　何を重視してきますか？」等々、ぎこちないヒアリングで7店、調査をしました。

その結果、「部屋の広さは最低25㎡以上。トイレ・バス・洗面台はセパレート。インターネット無料。オートロック。自転車置き場アリ。できればオートバイ置き場も」というニーズが強いことがわかりました。早速、設計士さんに連絡し、部屋の広さと自転車置き場の設置をプランに反映してもらいました。

それ以降は、会社の合間に融資先を探し、税金対策の強い税理士を探し、土地の権利を移動させるため司法書士に相談し、新築予定地の上に住んでいた母の引越しの手続きをし、という忙しい4ヶ月間を過ごしました。

設計の部分は、設計士さんの手がけた戸建て住宅を見て腕は確かと確信していたので、細かいことは言いませんでした。

しかし、別のところで問題が発生しました。基礎工事の前に地盤調査をすると、驚くほどの軟弱地盤だったのです。39メートル下まで掘っても、強度を得られる支持層がなく、杭が効きません。困りました。

地盤の表層を改良する案を出してもらい、コストの計算、構造計算のやり直しです。

その間にも地質調査(土壌汚染の調査)/文化財埋蔵調査/官民境界確定/近隣対策などの様々な手続きを進めました。建築確認申請では、新たに制定された市の規制や特有の条例に引っかかり、確認済証が下りるまで色々と苦労しました。

スケジュールがずれこんでしまったので、手持ち資金で事前に地盤改良を行い、確認済証が下りたタイミングですぐに建築資金を融資してもらえるよう銀行に交渉しました。

どうにか、予定から1ヶ月遅れで確認申請が下りました。それを持ってすぐに銀行と金銭消費貸借契約を交わし、工事着手金を得ることができました。

＊　＊　＊

やれやれ、一安心、と言っているのも束の間。今度は入居者募集、賃貸管理をしてくれる会社を探さなければなりません。良いタイミングで「不動産投資勉強会」で管理業者さんのセミナーがあり、後日、相談にのっていただくことにしました。

物件所在地、間取り図を渡すと、数日後にマーケット状況、家賃想定、地域性等をまとめたレポートにしてくれます。その中で、致命的な欠点を指摘されました。浴室、トイレ、洗面台の広さのバランスが悪い。とくに浴室はとても重要で、家賃が1万円くらい変わることがあると言います。

確認申請が下りた後でしたが、工事がまだだったため、確認申請内容を一部変更し、何とか間一髪で間に合いました。あやうくニーズからかけ離れた物件を建ててしまうところでした。

＊　＊　＊

入居者ニーズの把握については、プロと素人の私では雲泥の差がありました。

不動産賃貸業で入居者と実際にコミュニケーションしているのは、管理業者さんです。ですので、設計士さんや自分の意見にとらわれず、はじめから管理会社に意見を求めるべきでした。

また、今回のプランは目先のことに手一杯で、ゴールまで見据えながら行動することができませんでした。計画を進める際には逆算から考えた方がスムーズにいくはずです。そのためにも、まず、ゴールをどこに設定するかが、とても重要だと感じました。

私はたくさんの回り道をした状況を伝えたく、長文となりました。みなさんの反面教師としてお役に立てれば幸いです。

ジュリアス（所有棟数　1棟）

40

30年の家賃保証は真っ赤なウソ！うますぎる話を信じた自分が未熟でした…。

私は2007年10月に不動産投資を始め、4年半で2棟54室を購入したサラリーマン大家です。不動産に興味を持つようになったのは、勤めていた会社が大規模なリストラを発表し、退職金が入る見込みがあったから。不動産ならレバレッジを効かせた投資ができると知り、安易に参入した次第です。

しかし、現実はそう簡単ではありませんでした。なんと、リストラの抽選に漏れてしまい、当てにしていた退職金が入ってこなかったのです。

すでに新築アパートを建てる契約を交わしており、業者からは手付金全額の請求をされ、金策に走り回りました。親兄弟にだけは迷惑をかけまいと、当時出版されていた不動産投資本を読み漁り、その中で一つの光明を見出しました（今ではスキームとして使うことが難しいようです）。

消費税還付です。これに成功すれば、頭金の一部に補填できるかもしれません。条件や段取りなどのシステムを理解し、税理士の先生の力を借りて、無事に還付に成功。何とかお金を工面することができました。

当時は、メガバンクが積極的だったこともあり、融資付けに関してはあまり苦労しませんでした。それでも契約した後に頭金がない状態で、精神的に落ち着かない苦しい時期でした。

その後、アパートが完成した際には、家族みんなで立会い、物件名の刻まれたネームプレート前で記念写真を撮影しました。やっと大家になれたという安堵の気持ちと、億を超える借金を抱えることに対するプレッシャーが入り混じり、何ともいえない感じだったことを今でも鮮明に覚えています。

新築サブリースによる一括借り上げだったため、客付けは全てお任せ状態でした。比較的入居状況も良く、安心していました。

ところが、2008年9月のリーマンショック後から、業者の経営状態がみるみる悪化してしまいました。物件を購入した時の担当者は既に退職しており、お客様相談センターの担当者もコロコロと変わります。毎回違う上司を連れて来ては、契約内容の変更を迫ってくるという感じでした。

会社が倒産してはどうしようもないとの思いから、泣く泣く契約変更に応じる大家さんが多かったことが推測されます。私も例外に漏れず、一部協力を申し出ました。

その業者は、最悪の事態だけは回避することができたようです。しかし、今後もその動向には注意する必要があります。

＊　＊　＊

今回の教訓は3点あります。

1つ目は、サブリース会社の提案内容をそのまま信用して、契約内容や訴訟事例などを確認していなかったことへの反省です。契約書の条文が借地借家法において有効かどうかを確認しておく必要がありました。何もなければすんなりと保証家賃は支払われますが、今回のリーマンショックなど予期せぬ社会情勢の変化には対応できなくなるケースがあることを肝に銘じました。

2つ目は、融資情勢の捉え方に対する認識の甘さです。当時は不動産投資ブームの最中で、メガバンクの融資審査がジャブジャブ状態でした。私は、自分自身の属性が良いから融資が付いたのだと勘違いをし、かつ物件の評価も高いという銀行担当者の言葉を鵜呑みにしてしまいました。積算評価と収益還元法による物件の見極めが重要であることは今では誰もが理解していますが、当時の自分には融資が付くから購入に至るという安易な考えがあったことも否めません。

3つ目は、自分の投資スタイルを確立していなかったことです。不動産投資に対する目的と使命、情熱を忘れず、そして考えがぶれないように、しっかりと投資スタイルを心に刻むべきだということを実感しました。

不動産投資は周囲の理解を得ることが難しく、相談する相手やメンターに巡り会わなければ、なかなか自分の投資スタイルを確立することは難しいと思います。その点、このプレイヤーズのメンバーになることができたことは、この上ない財産だと感謝しています。

これからも皆で力を集結し、楽しく不動産投資を続けること、そして少しでも社会の役に立つことを目標に携わっていければ、こんなに嬉しいことはありません。

ケン（所有棟数　2棟）

41 問題物件を平気な顔で紹介する不動産会社の無知。「買ってはいけない物件」を買わなくてよかった！

私は新築物件1棟を所有しています。新築を手がける前に、かなりの数の中古物件を検討しましたが、結局気に入った物件に出会えず、自分で建てることにしたのです。

今でも、私は中古物件を買い増ししたいと思っていますし、中古物件が全て悪いとは思っていません。しかし、思うような物件を見つけるのは簡単ではないと感じています。

不動産の世界には、「1000の物件を検討し、100の物件を見て、10の買い付けを入れて、1件買えれば良い」という言葉があります。私はそこまで多くは見ていませんが、複数の物件を見た中で、「こんなものを買ってはいけない」と感じた物件を紹介します。

1件目は、県内にいくつか支店を持つ老舗の不動産会社（投資物件だけでなく、居住用・事務所・店舗の仲介および賃貸管理も行う）に紹介されました。

建物は共同住宅で、敷地は旗竿地です。旗竿地といっても道路へ2方向目の避難が取れますし、道路への接道幅もギリギリ合法という物件でした。

不動産屋の説明によれば、「売主はこの建物が建つ土地を、合法的に分割して一方のみを売り出す」ということでした。また、「売主は工務店を営んでおり、販売用ではなく自社で所有するためのものなので、建物はしっかり造っている」とも聞きました。

しかし、現地を確認すると、重大な問題が見つかりました。旗竿の竿の部分の幅です。道路に面しているところは十分にあるのですが、奥にいくとやや細くなっており、法律的にアウトなのです。

現地確認後、不動産屋の店舗で事情を聞きましたが、担当者もよくわかっておらず、先方からの資料をそのまま出したようでした。また、売主の工務店が「自分用だからしっかり作っていますと言っていた建物も、「自分で造ったのでやりたい放題」という印象を受けました。

2件目の物件は、競売で物件を仕入れ、付加価値を付けて転売する手法が得意な業者からの紹介でした。チラシを見ると、整形地に建つシンプルな共同住宅です。しかし、現地に行くと、メインの建物の他に、もうひとつ別の建物があります。近くまで行くと、それは平屋の小さな小屋で、

買ってはいけない物件 2例

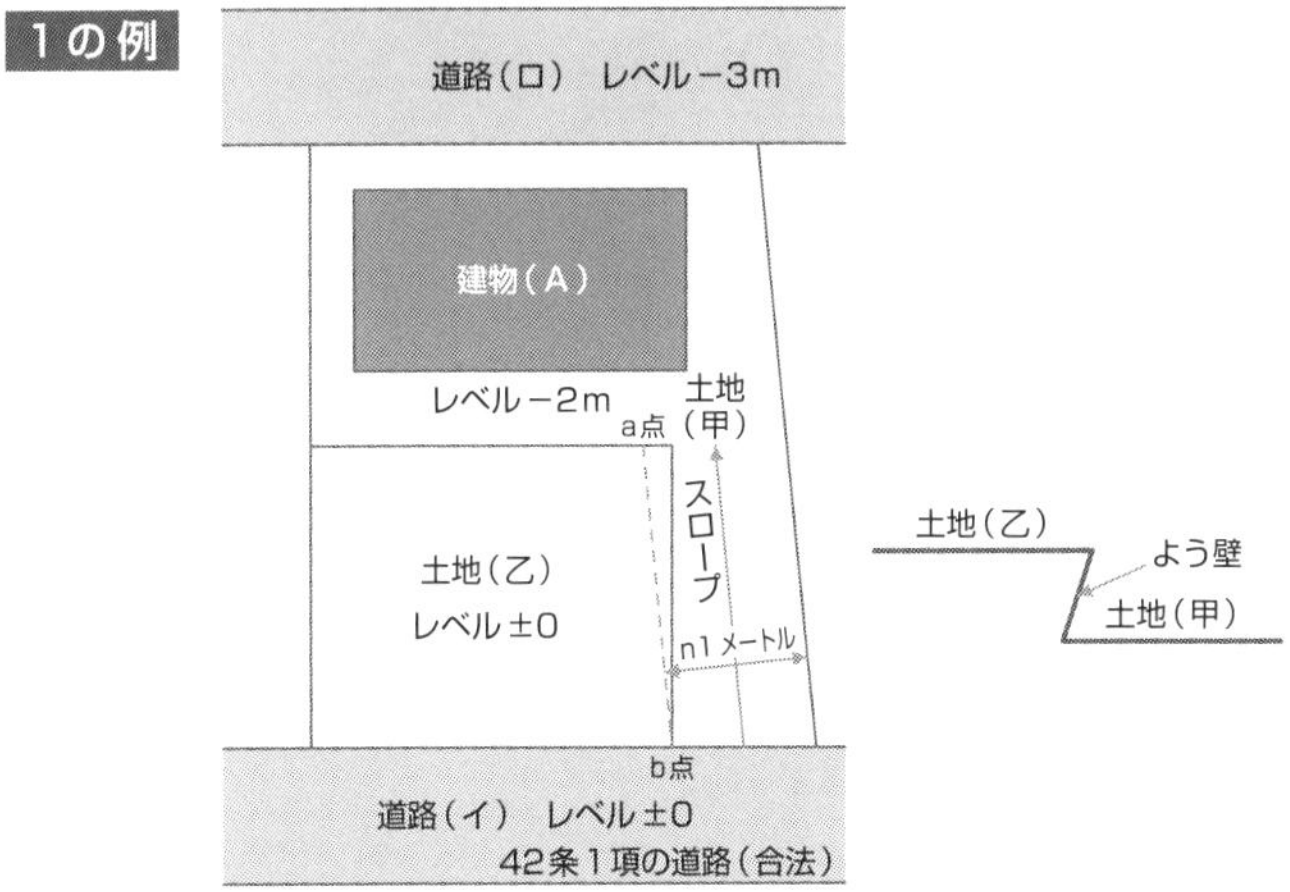

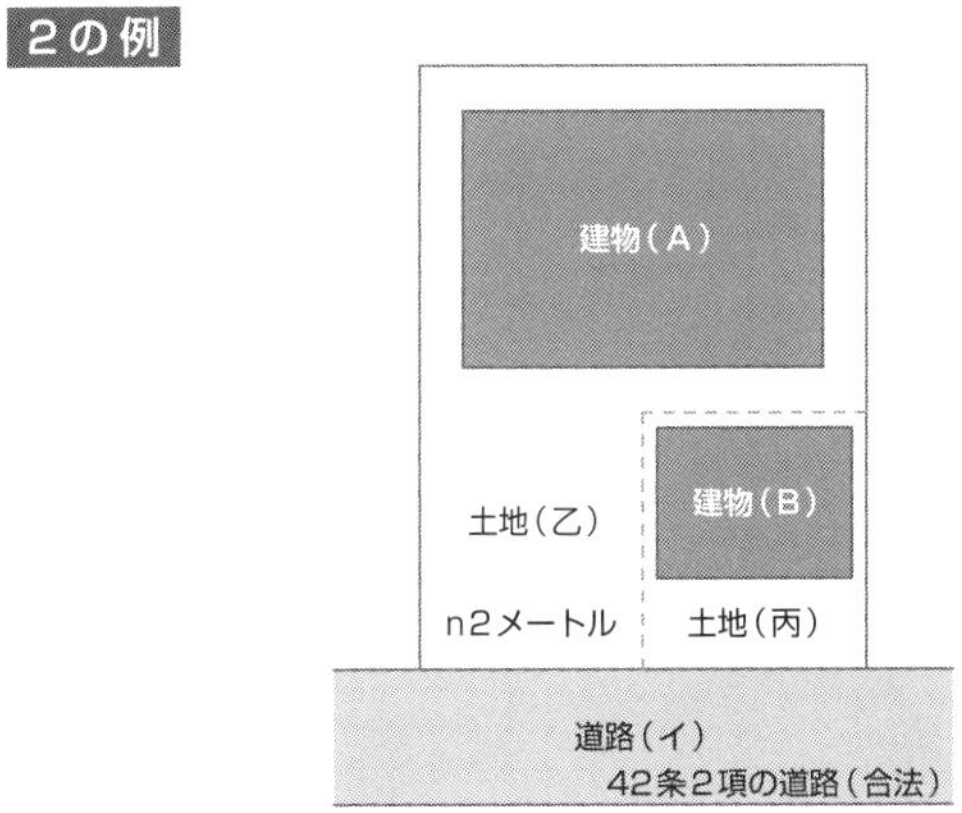

中に人が住んでいる形跡が見られました。

私は、平屋の方は買うつもりはありません。そうなると、その部分の土地を分筆して、残った土地は旗竿地となります。しかし、それでは道幅が狭すぎて、建物が不適格となります。

平屋の入居者に立退いてもらうか、管理棟として申請するなどの方法もあるのかも知れません。しかし、対処方法がわかりません。

それにしても、現地に行けば一目瞭然の平屋の存在に全く触れず、チラシを作成する業者には呆れました。

＊　＊　＊

物件の問題点に気付かないまま商談を進めた場合、契約直前の重要事項説明段階で、不動産会社から「実は……」と問題を打ち明けられ、ショックを受けることになります。時間を無駄にしないためにも、土地や建物が合法かについては、自分の目で確認することが大事でしょう。

他にも、前面道路の問題、無許可の用途転用、容積オーバーなど、何らかの問題をかかえた物件はよくありますので、書類だけで判断せず、必ず現地を見て結論を出すことをおすすめします。自分で見てもわからない場合は、相談できる人と一緒に行くか、信用できるエージェントを見つけることが重要だと思います。

ハチ（所有棟数　1棟）

42

アパートはダメでも長屋はOK？割安で買った旗竿地に収益物件を建てる方法。

私はサラリーマン大家です。あるとき、まとまったお金が入ったので、土地を現金で購入し、建物分を銀行から借り入れをして、新築のアパートを建てました。

土地を買う前に、中古1棟物をかなり見て回ったのですが、気に入った物件に出会えませんでした。立地が良ければ建物が悪い（見栄え・法令遵守など）、両方良ければ利回りが悪いといった具合です。

結局、これという出会いはなく、消去法でいくつかの物件に絞ったのですが、どうしても気乗りしません。そこで、利回りが下がるのを承知の上で、土地から購入して新築物件を建ててみることにしました。

早速、土地探しを始めました。条件は、自分の住みたいエリアで、できるだけ駅の近くというものです。

当然、売り手は強気で、高価な物件ばかりでした。しかし、エリアで妥協する気はありませんでした。

その後、何十件も土地を見ていく中で、建築上の制限はあるものの、割安な土地を発見しました。

建築上の制限とは「共同住宅建築不可」です。マンションの建築目的で買うのに共同住宅建築不可では意味がないのでは？と思いますよね。

ところが、共同住宅は建築不可でも長屋形式（※1）なら建築できるのです。実際にそのような土地を割安で購入し、長屋形式（メゾネット（※2））で建築している業者も存在しています。

とても気に入ったため、設計士に相談の上、現地を確認し、購入しました。

「全ての住戸の玄関が1階にある」のが条件です。私はメゾネット形式を希望したので、企画・設計がポイントとなります。通常の共同住宅に比べ戸数が稼ぎにくく、一戸当たり面積が大きくなる傾向にあるので、立地・客層とのマッチングが重要になるでしょう。

戸数・専有面積の兼ね合いには苦労しましたが、ファミリー向けの面積にして部屋数を減らし、カップル向け・SOHO向けの間取りにしました。

＊　＊　＊

実際の入居結果は想定したターゲットと若干違い、11組のうちカップルは3組だけで、残りはシングルでした。横文字職業率が異常に高いという特徴がありましたが、高稼働を継続することが出来ています。

※1　長屋形式とは、階段・廊下等の共用部分を持たず、全ての住戸の玄関が1階にある建物のこと（玄関から道路までの通路幅の規定などは行政により異なる）。地域の条例で確認が必要だか、敷地が旗竿地（※3）で普通のアパートが建てられない場合でも、長屋なら建てられる場合がある。

※2　2階以上で1住戸を構成するマンションをメゾネット（複層住戸）形式といいます。2階建ての一戸建てのように室内に上下階へ行く階段があり、玄関のあるフロアにはLDK、上のフロアには寝室を配置するなど、パブリック空間とプライベート空間を明確に分けられるのが特徴です。オシャレな感じで人気があります。

※3　旗竿地とは、接道幅が敷地本来の幅より狭い敷地で、その形が竿のついた旗に似ていることから旗竿地と呼ばれています。建物を建てる際に制限がつくことがあります。

ハチ（所有棟数　1棟）

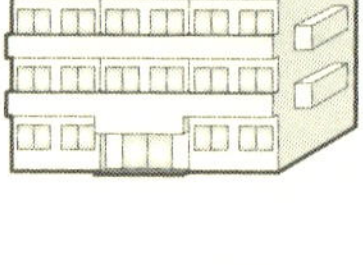

#10

地震・竜巻・孤独死

●●●●●●●

【天災や突発事故に関する失敗・教訓・回避策】

43 十分な地震保険に加入しないまま3・11が発生！ 疑問を放置せず、きちんと調べておくべきだった！

私が初めて不動産を購入したのは、2009年の終わり頃でした。場所は福島県郡山市です。当時、関西に住んでいた私は、仲介業者からこの物件を紹介されたとき、「いくらなんでも郡山は遠いですね。せめて北は仙台までかな」と返答し、業者さんに「いや、郡山は仙台より手前ですけど……」と突っ込まれました。それほど土地勘がない中での購入でした。

物件価格2億円に対して、9割の融資を受けて購入しました。初めての不動産、しかも億単位の借金ですから、ドキドキしました。

特に心配だったのが自然災害、とりわけ地震でした。阪神大震災では、RCの建物でも倒壊したものがあります。小心者の私は地震リスクだけでも回避したいと考えました。

地震保険の目一杯の金額がいくらか、代理店に問い合わせをしました。すると、「5000万円が限度です」という返事です。

「ちょっと待て。2億近い借金をしているし、火災保険は3億円出る。それなのに地震保険が5

000万円ってのはおかしくないかい？　もし地震で壊れたりしたら、借金を返せないじゃん」

代理店に「そんなはずはないだろう」と詰め寄りましたが、「保険会社にも確認したので間違いありません」とのこと。やむなく地震保険5000万円で契約しました。

代理店の説明を疑問に思ったのですから、この時点で自分でも調べてみるべきでした。実は、5000万円というのは「一戸あたり」の上限なのです。一棟の場合、例えば20戸なら20×5000万円で、10億円が上限になります。しかし、当時の私はそのことを知らず、また代理店も全く理解していなかったのです。

さて、当初8割を切っていた入居率は徐々に改善し、恒常的に9割を上回るようになりました。初めてのマンション経営は順風満帆の船出となりました。

そんなとき、あの震災が発生しました。その頃の私は名古屋で働いていました。金曜の午後、会社で仕事をしていると突然大きな揺れに襲われました。会社が11階だったこともあり、これまで経験したことのない長くて激しい揺れでした。

揺れが収まった後、テレビをつけて見ると、「宮城県、福島県で震度6強」というニュースが流れています。頭が真っ白になりました。その日は会社の送別会がありましたが、飲んでいても上の空です。

万一、所有しているマンションが倒壊、もしくは半壊ということになっていれば、わずか5000万円の地震保険ではカバーできません。2億円の借金はとうてい返せません。

「自己破産」という文字が頭の中を駆け巡っていました。

不動産投資が軌道に乗ったらリタイアしてゆったり暮らそう、家族と過ごす時間をたくさんとろう、そんな夢がガラガラと崩れていきました。これほど酔えない飲み会は初めてでした。

家に帰ってからもテレビにかじりついて、郡山市の情報を探したのですが、津波の映像ばかりで内陸部の様子は全くわかりません。管理会社は電話もメールもつながらず、不安は募るばかりでした。

郡山市に物件を持つ大家仲間に電話をかけたところ、彼も現地の様子は全くわからないとのことでした。

私が彼に「地震保険は5000万円しか入れないから大変だよね」と話すと、そこで間違いを指摘されました。このときは自分の無知を悔やむとともに、代理店に対する恨めしさが猛烈に沸いてきました。しかし、所詮はあとの祭りです。

不安であまり眠れないまま、金曜、土曜、そして日曜日を迎えました。

この先どうなるのか、途方にくれていた日曜の夕方、管理会社からメールが届きました。

「物件は一部タイルの剥がれなどはあるものの、大きな被害もなく大丈夫です」

「助かった！」この瞬間、涙がどっと溢れてきました。修繕費は数百万単位でかかるでしょうが、破産だけは免れました。

その後、代理店には散々文句を言って、保険金額も増額しました。後日、現地へ赴くとRCでも古い建物には大きく破損しているものもあり、もし自分の物件だったら……とぞっとしました。

＊　＊　＊

今回の地震で保険を申請したところ、一部損害として掛け金の5％、250万円が支払われました（本来の金額で加入していれば、この3倍はあったはず）。

しかし、それでは現状回復に必要な金額に足りないので、日本政策金融公庫に融資を申し込みました。そこでは、震災特例が適用され、低金利で融資を受けることができました（当初3年間が0・5％優遇の1・25％、その後は2・65％の20年固定）。申し込みから実行まで約2週間ととても迅速で、公庫には感謝しています。

＊　＊　＊

不動産投資には自然災害以外にも、金利や空室などさまざまなリスクが伴います。すべてに共通していえるのは、物件購入後は大家である自分自身の責任だということです。

こんなはずじゃなかった、騙された、と騒いだところで、契約を白紙にできるわけでも、借金が棒引きになるわけでもありません。デパートで買い物をして返品するのとはわけが違います。

今回の地震で致命傷とならなかったのは不幸中の幸いで、不勉強への戒めとなりました。これを教訓に、もう少し真面目に不動産投資に取り組んでいこうと決意したのでした。

マーキー（所有棟数　2棟）

44

孤独死の部屋の原状回復費は140万円！ダメ元で請求した保険金が適用された！

2007年12月に買った中古区分1室を皮切りに、続けて6室の中古区分を購入。そして2011年3月には、念願の3階建て中古RC1棟を取得することができました。2DK×21室で、レントロールは3万〜8万円までと、バラつきが目立ちます。高齢者が多く、生活保護受給者も住んでいる物件です。

購入後約4ヶ月が経ったときでした。「隣から変な臭いがする、と入居者の方から苦情が来た」と管理会社から連絡がありました。

異臭の元となっている部屋には、70歳前半の方が住んでいます。管理担当者の方に見に行ってもらうと、応答はナシ。玄関ポストの隙間から臭いをかいでもらったところ、「おそらく死臭でしょう」とのことでした。

翌日、警察立会いで管理会社の方に中を見てもらうと、入居者はやはり亡くなられていました。ご遺体は警察が調べるため移送しました。事件性はないとのことでした。

初めての経験でした。他の入居者の方が、気持ち悪がって次々と退去し、ローンの支払いができなくなったらどうしようとか、次の入居者募集時は家賃をかなり下げなければ決まらないかな、などとネガティブな考えが頭をよぎりました。

その前に、その部屋の原状回復もしなければなりません。報告によれば、床には体液でできた人型のシミがあり、その周りには蛆虫《うじむし》が蠢《うごめ》いている状態だといいます。もっと発見が遅れた場合、成虫のハエになることもあるということでした。

原状回復の見積りは、消臭と残留物の処分費用が70万円。リフォーム費用を入れると総額140万円以上でした。

節約のために身内の方が残置物を片付けるといってこられたのですが、臭いがひどく、中に長時間いられないという理由で、結局、専門の業者へお願いしました。

費用の負担については、遺族の方が70万円で合意してくれました。本当なら全額お願いしたかったのですが、長期の入居者だったため、この金額でよしとしました。

工事の前に、業者さんから費用の前払いを要求されたため、遺族の方にそれを伝えたところ、「お金がないので約1年間の分割払いにして欲しい」と言われました。管理会社の担当者にローンを探してもらいましたが、どこも扱っていないとのことで、結局、一時的に私が肩代わりすることになりました。

＊　＊　＊

物件を購入してすぐの出来事で、不動産取得税の支払いも重なり、リフォーム費用の140万円の捻出に頭を悩ませていました。

ふと、火災保険に加入した際の代理店の方の言葉を思い出しました。

「何かあれば保険が出る出ないにかかわらず、まず連絡ください。保険は請求しないと始まりませんよ！」

早速、相談してみると、火災保険のオプションでついている「不測かつ突発的な事故」に該当する可能性があるというので、保険請求することにしました。

後日、20万円の支払いをするとの回答がありました、支払内容の説明を求めたのですが、内容に納得がいかず、担当者の口調と言い回しにも腹が立ったため、「現地に行って調査した上での回答をしてください」と反論しました。

その後、数回のやりとりがあり、最終的には現状回復期間の家賃補償（特約をつけていました）3ヶ月分を含め、総額で128万円が支払われることとなりました。最初の回答からの差は108万円にもなりました。

＊　＊　＊

火災保険は火事のときだけ使う商品ではなくなってきています。地震保険、水漏れ調査修理費用、電気的、機械的故障、家賃補償など様々な商品やオプションがあります。

価格だけで選ぶのではなく、遭遇する確率の高い事故をカバーする保険をチョイスするのが良いと思います。今回の事故で、それが最大のリスク回避になると痛感しました。

保険関係者に確認したところ、事件や事故死であれば突発性なものとして判定されることで問題はないようですが、老衰の場合は個別判断される可能性が高いとのこと。また、最近は「大家の味方」など入居者の死亡による損害補償を明確に謳っている保険商品も発売されています。

H1255（所有棟数　3棟＋区分6室）

45

まさか日本で強風の被害を受けるなんて！ 火災保険に特約をつけておいてよかった！

最近、日本で竜巻や突風などの自然災害が増えていますが、正直、自分には関係ないことのように感じていました。しかし、決して他人事《ひとごと》ではなかったのです。突風の吹いた次の日、管理会社から、「屋根の下地らしいものが最上階のベランダから見える」と連絡がありました。

マンションはRC造7階建てで屋根は切り妻。瓦はスレートです。被害状況としては、突風で瓦と下地がめくれて、下地が下に垂れていました。屋根瓦の数か所が浮いており、雨樋《あまどい》も折れています。

見積もりをとったところ、屋根の全面張替え。建物を囲うような足場が必要でかなりの高額です。こんな金額払えないので途方にくれてしまいました。でも梅雨はもうすぐやってくるので、このままでは雨漏り等二次被害が発生しそうです。

＊　＊　＊

加入していた火災保険で、風害も適用されることを確認しました。保険の申請にあたっては、原状回復・修繕費の見積もりと、現場の写真が必要です。通常は、自分が保険に加入した代理店経由で保険会社に申請します。注意点としては、代理店の担当者の姿勢に結果がかなり左右されるということです。

大切なのは、担当者が加入者側の立場にたって、保険会社と交渉してくれるか否かです。その他、提出する見積もりの記載内容が適切か、請求できる項目が漏れていないか、過度な請求になっていないか（過度な請求は減額対象になるため）などもチェックする必要があります。

請求額が一定を超えると、損害保険の鑑定が入ります（逆にいうと、ある一定額以下だと、鑑定人による鑑定が行われず、書類請求だけで保険金が下ります。ともかく申請してみることをおすすめします）。

保険金請求を有利にするために、はかなりの専門知識が必要です。ベテラン大家さんのすすめもあり、間に保険請求の代理人(エージェント)を立てることにしました。私の方で依頼した方なので、当然加入者側の立場で動いてくれます。

活動内容は、保険会社への折衝、適正な見積もりの作成、保険金請求、損害保険鑑定の立会と鑑定人への交渉です。成功報酬でそれなりの対価を支払う必要がありますが、満額の保険金が下り、その範囲で屋根を修繕することができたので、依頼してよかったと思っています。

＊　＊　＊

私は火災保険に加入する際、火災、落雷、破裂・爆発、風災・雪災、落下・飛来・衝突、漏水、騒擾《そうじょう》、盗難など基本的なものはすべてに入ります。とくに漏水は必須です。

水災は床上浸水しないと適用されないため、私は入っていません。これはエリアにもよると思います(津波による浸水等は保証されない)。一方で、不測かつ突発的な事故のオプションは必ず入っています。

保険金額は「一部保険」ではなく、建物価格全額にすることを強くおすすめします。たとえば2000万円の建物に1000万円だけ保険をかけた場合、1000万円相当の被害が出ても、保険金と建物価値の割合に合わせて2分の1の500万円しか支払われないことになります。

ジョー(所有棟数　3棟)

46

購入前にリフォームの情報商材を買っても意味がない！大家さんの勉強会での情報交換もオススメ。

不動産投資に使う資金を妻から引き出すことに成功した私は、本や情報商材を買いまくりました。不動産投資のDVDや情報商材だけでも50万円は使ったと思います。

「融資戦略」や「リフォームのコストダウンノウハウ」「物件調査マニュアル」「税金対策」などを勢いで買いあさりましたが、正直、あまり活用できていない情報商材が多くあります。

情報商材は、1つ当たり平気で数万円します。ちょっとしたサラリーマンの1ヶ月のおこづかいが吹き飛ぶ金額です。資金が少ない方は無理にそれらを買うよりも、良心的な月会費で、ネット上で情報交換ができ、定期的な勉強会のある団体に入ることをおすすめします。

私は、「大家さん学びの会」に入っています。この会は東京が本部ですが、関西大家学びの会もあり、西日本の方はわざわざ東京に行かなくても大阪で勉強会に参加できます。活動は大変活発で、2ヶ月に一度のペースで勉強会があり、その後の懇親会では、先輩大家さんたちの貴重な情報が聞けます。まだ物件を持っていない方も参加できます。

高価な情報商材を買う前に、先輩大家さんにおすすめの商材を聞いてみるのもいいと思います。本当に役に立つ情報なのか、必ず複数の方から意見を聞きましょう。

私のおすすめは、ダントツで今田信宏さんの「『光速』収益不動産投資成功法」です。この情報商材は、素人会社員がいかに良い物件を購入してキャッシュフローを残すかに重きが置かれています。これがあれば、他の商材はいらないくらいです。

実は私もある本がきっかけで、2010年10月から12月までの1ヶ月半の間に2棟のマンションを購入することに成功しました。それは、三宅耕二さんの『頭金ゼロではじめる光速収益不動産投資成功法（ぱる出版）』です。

私には、このやり方が合っていました。ただ、他の方にとって最良であるかはわかりません。物件保有の有無、個人の属性でも投資法は変わると思いますので、いくつかの投資法を調査することが大切だと思います。

どのタイミングで、どの情報商材を買うかも大切です。私は物件を持っていない段階で、リフォームの情報商材を購入して、無駄にしてしまったことがありました。

手持ち資金は数万円でも貴重です。物件を購入するまでは、購入に関する教材に注力しましょう。それなら無駄な出費をしないですみます。

勉強会やセミナーである程度人脈ができれば、情報商材に匹敵する、またはそれ以上の貴重な情報が得られますので、ぜひ多くの仲間を作ってください。我々プレイヤーズのメンバーも、その仲間のおかげで成功できているのです。

リュウセイ（所有棟数　3棟）

おわりに

買付1番手を取った物件が現金購入客にかっさらわれたり、売主の心変わりで売り止めになったとき、また銀行に融資を断られ人間否定された気分になったとき、あるいは入居者が滞納し夜逃げをして残置物処分に泣かされたときなど、不動産賃貸業をしていると落ち込む場面に数多く遭遇します。

大家業は基本的に一人での活動ですから、そんなとき、誰にも言えないままでいると長く落ち込んでしまうものです。

物件売って、大家業やめようかなあ……と。

そんなときに、プレイヤーズのみんなと会うと、成功体験や失敗の回避策など様々な有益な情報を交換することができ、救われることがよくあります。

それに加え、メンバーのプラス思考と成功を目指す強力なエネルギーにより、大きな活力をチャージでき、明日からまたガンバローという気持ちになります（不思議とみなさん声に張りがあり、目がぎらぎらして、顔が脂ぎって、大きな声で笑います：笑）。

本当に同じ夢を追いかける仲間の存在とはすばらしいものだと思います。

この本を通してこんな我々のプラスエネルギーが読者のみなさんに届き、みなさん全員が不動産投資で成功することを強く願います。

そして、さらには不動産投資を通して、みなさんがいくつもの夢を実現することを祈念します。

不動産投資の会 プレイヤーズ
関西でオモテに出ない不動産投資の会。会員の紹介でしか入会不可。46名ほどの会員がいて、ほとんどの人が仕事をもちながら 不動産投資を行っている(市の職員、大学の助教授、医者、バスの運転手、外車販売社長、サラリーマン等々)。マンション98棟以上、借入金：93億円以上。目標は勉強や情報交換をしてみんなで成功しハワイで豪遊すること。

不動産投資《ふどうさんとうし》 これは危《あや》うい［絶体絶命《ぜったいぜつめい》］46のリスト

2012年10月10日　　初版発行

著　者　　不動産投資の会プレイヤーズ
発行者　　常　塚　嘉　明
発行所　　株式会社　ぱる出版

〒160-0011　東京都新宿区若葉1-9-16
03(3353)2835 — 代表　03(3353)2826 — FAX
03(3353)3679 — 編集
振替　東京 00100-3-131586
印刷・製本　中央精版印刷(株)

ISBN978-4-8272-0746-0 C0033